藏传佛教因明学入门

ZANGCHUANFOJIAOYINMINGXUERUMEN

毛尔盖·桑木旦 著

曲甘·完玛多杰 译

青海人民出版社

图书在版编目(CIP)数据

藏传佛教因明学入门 / 毛尔盖·桑木旦著；曲甘·完玛多杰译. —西宁：青海人民出版社，2011.6（2024.12 重印）
ISBN 978-7-225-03913-8

Ⅰ. ①藏… Ⅱ. ①毛… ②曲… Ⅲ. ①喇嘛宗—因明（印度逻辑）—基本知识 Ⅳ. ①B946.6

中国版本图书馆 CIP 数据核字（2011）第 092481 号

藏传佛教因明学入门

毛尔盖·桑木旦 著

曲甘·完玛多杰 译

出 版 人 樊原成
出版发行 青海人民出版社有限责任公司
西宁市五四西路 71 号 邮政编码:810023 电话:(0971)6143426（总编室）
发行热线 (0971)6143516/6137730
网 址 http://www.qhrmcbs.com
印 刷 青海西宁西盛印务有限责任公司
经 销 新华书店
开 本 890mm×1240mm 1/32
印 张 4
字 数 73 千
版 次 2011 年 6 月第 1 版 2024 年 12 月第 5 次印刷
书 号 ISBN 978-7-225-03913-8
定 价 20.00 元

目 录

导读 因明学小议

曲甘·完玛多杰

一、什么是因明学

因明学源于古印度，是有关人类推理、论证和思维方法的学说，公元7世纪传入西藏，历代藏族译师将古印度学者，特别是陈那和法称的因明学著作译成藏文，以后的藏族学者又进行了大量的注疏和论述,成为藏族文化大小五明学说的重要组成部分。①

因明学，是指外道（自在天派）、本教、佛教等若干宗教，以及世界上的各种社会制度，秉持各自的理论观点。这有认同自宗，否定他派，以此为因，或靠某种学问，为实施自己的教主或导师所制定的正确道路而讲修的理论。

此学科实际上是辩证学，考定真伪，真诚无欺，以确凿的论据阐述事物的内在规律和物质与内心之间的关系。换言之，消除客观存在上的错觉，仔细抉择所量外境、能量内心及心境认识法的学科。[2]学习因明学的目的，就是启发心智，培养辩才，遇事当机立断，反映敏捷，学习典籍很快掌握，不人云亦云，力排非议。

一般而言，在了解世界的物质与非物质时，有些凭借五官的感觉可以直接认识，它们不需要任何原因与因明理论。依靠感觉仍不能认识的，有两种现象：常隐蔽分与极隐蔽分。常隐蔽分，需依靠事势理智（正因）加以了知；极隐蔽分，依靠正因也不能了达的，用圣教言加以了解。

是否有无根现识，无需用原因或思想加以论证，但是诸如意现识、自证分现识、瑜伽现识、前生后世、解脱、遍知等存在与否，需靠原因或思想加以论证。在这方面，古印度有外道影响最大的近十三个派别，佛教有四大派别；藏区未出现佛教以前，本教的白、黑、花三派，以及（后来的）藏传佛教中也出现了诸如宁玛、萨迦等多种派别，他们有各自的理由，有宣示其主张的理论，都属于因明的范畴。

因明学多种多样，但从本质上可以区分为两类，一是正因，二是近似因。判定正因的标准是，要看是否具备三相：宗法、同品遍和异品遍。如三相不具备，会导致理由相违、理由不定和理由不立的任何一种。近似因明是不正确的。从某个正因中得到的思想与认识是比量，从某个近似因中得到的思想与认识是邪见。

正确因明学分为三种：事势比量、信许比量和极成比量。事势比量从本质、所立、能立、反驳方面又有区别。本质包括果因、自性因、不可得因。果因，指物与物之间的因果关系。例如，山岭上的烟，言烟之对方，依靠现量三组，了解烟火为因果关系。何谓现量三组？首先本身烟火二者不可得现量；尔后只得火物现量；烟不是来自别处，而是从自身所得现量；烟火二者可得现量；火不可得现量；烟既未向别处，本身也不可得现量。利用这六项消除烟无因而生，或从不同因中所生的邪见。了解烟火二者的因果关系，如上所述，若需探知物与物之间是否有因果关系，应知不是片面的因果关系，而是具备三项的因果关系。

这样，佛教确定的四谛、前生后世、解脱、遍知等因果关系的许多因明学都包括在五种果因中的任何一种。凡当今因明学之一因果关系理论的正因，都包括在其内。

自性二因之一观待自性因，是指确立理由之因直接陈述施事差别。例如，确立螺声无常之理由中的“确立”一词，使人懂得自己的施事差别——他物因缘。这里的确立陈述理由中的“确立”，应理解为以因缘和合而成有为法。以论证凡是因缘和合的有为法为例，佛教指出人无常等观点宣传的四手印。

不可得因亦即所破因，在所破事的敌论者现量中，有可现与不可现二种。如果真实不现，从现量力中不可破；如果在所破事的敌论者现量中可现，所破法敌论者中也有可现与不可现二种。如不许，是立不显不得的因明时。在所破法敌论者的现量可现中，所破事之上所破法敌论者的现量中也有可现与不可现二种。如可现，大概现量能破；如现量不立，以只论名词之因加以确立，是立自性因不可得的因明时。

在所破事之上，所破法敌论者现量中不可现，在所破事之上所破法之统一现量中可现，其矛盾现量中可现。在所破法之统一中，有统一之性质、果、因三种。统一之性质中也有所破太窄、所破太宽、等遍二种。所破太窄是否定，在所破事中不能否定所破法，等遍现量中可现，是立自性不可得的因明时。如所破太宽现量中可现，是立能遍不可得的因明时。在所破事之上，所破法之直接果可现，是立直接果不可得的因明时。在所破事之上，所破法之矛盾可现，是立矛盾不可得的因明时。矛盾又决定性质与矛盾三因果。如所破法之矛盾性质可现，是自性对立可得因。如矛盾果可现，是立对立果可得因的因明时。如所破法之矛盾亲因可现，是原由相违可得因；如因与对立果可现，是立因与对立果可得的因明时。如与所破法性质一样的能遍矛盾可现，是能遍对立可得因；如所破法之亲果矛盾可现，是立果对立可得的因明时。这样，有统一不可得的四因明和矛盾可得的六因明，即所破十因。

依靠亲力因明学，而无法论证的极隐蔽分，例如，积善因而得善果，积不善因而得苦果，说这话的是佛陀本人，言之有理。论证此敕言的涵义无欺，安立可以信赖的因明。这叫做三察清净圣言。何谓三察清净？在论述察觉现证方面，现量无碍；在论述常隐蔽分方面，亲力之明无碍；在论述极隐蔽分方面，可许量无碍。用这样的标准圣言之因，可以信赖言者佛陀是标准之士，可以信赖其教是无有瑕疵的，可知佛祖是标准的，可知归依并非泛泛之说，而纯正精确的。

何谓构成比量？用世间通说的名词因明，应知隐蔽义中的新鲜无欺之明，即对某个物质赋予其共同特点之因，而加以命名。物质与非物质的特点，有原始词与许多后成词。在冠名者的心里出现将要冠名的各种各样的物质特点，决定表相，才予以冠名。名词与事实是否相符，情况万千，而与事实不相符的则是名符其实。保持这样的分别心是实境分别心，与事实相符的名词又非正确，寻思错误。

如上所述，因明学是用比量把难以决定的问题作为了解的方法之一，对以完备的三相因明学认识得到的思想，谁也不能变更。而对于以矛盾、不定、不成立等三相不全的似因认识得到的思想，当别人一旦安立稍许论据，自己先前的认识像沙团一样立即崩溃。所以，学习因明学须彻底精通。那么学习因明学，首先应该学习哪些著作呢？程度高一些的一开始就应学习因明学正典，程度低一些的首先适当学习广中略摄类学，之后再学习因明学专著，才有大益。特别是对于想很好地学习和研究佛教经典的人来说，如不学习因明学与量学，理解深刻涵义，十分困难。[③]

二、因明学与量学

实际上，因明学与量学是一门学科两种表述，但有少许差别。因明学把握一个“质”，量学则把握一个“量”或“度”。因明学探讨的是万物的本质，而量学则探讨的是物质的量。质与量是万物的存在形式，离开这两个形式就无所谓物质了。所以，质与量是这门学科统一而又有所不同的反映形式。

一般来说，“量”指无欺或不欺，即对自己所要了解的真实事情不产生错误，符合事实，对所量的数与大小等不产生错谬，或者对正确的原因和因理不产生错误，谓之量学。思想是否正确，这要看他从认识的事物是否与事实相符的角度加以确定。从广义而言，“量学”也应理解为推理学。

在古印度，佛教未产生的许多年前，推理学就产生了。那时，一位名叫神上师的大仙首先著写了人没有前后世的论说。与此同时，世眼大仙撰著了没有因果报应的论典。有个名叫淡黄仙人的外道祖师著写了一切知识包括在二十五种范畴内的论著。

佛教在印度诞生后，释迦牟尼佛在所说的许多契经中都叙述了有关三量的理论。

约7世纪初，世亲大师培育出了比自己卓越的4名弟子，其中擅长因明学的陈那首著《观所缘缘论》和《观消除缘论》等大小文章108篇。之后，集中这些论典内容，著《集量论》，共分6品：现量品、自利品、观违碍品、他利品、观譬喻品、观能破品。

阿阇黎陈那去世后，法称大师拜自在军为师，前后学习《集量论》达三遍，经自在军许可，著《因明七论》，其中《释量论》、《定量论》和《量学理滴论》为三大部曲，其余为分支：《因滴论》、《关系论》、《悟他论》和《诤理论》。《释量论》分四品：自利、量成立、现前和他利。《定量论》分三品：现前、自利和他利。帝释意与释迦意二师对《释量论》作了注解，坚堪布·喜饶迥尼也对其著有注疏，阿阇黎却确分别著有《定量论释·大认同》、《量学理滴论注·裨益学生》等许多因明著作。④

藏族的因明学源于陈那、法称的《集量论》和《七部量理论》。据说9世纪前，藏族无因明论，迨藏王赤·热巴金时代，请来印度许多大德，与本地嘎厥相三大译师一起，翻译了大藏经、陈那的《集量论》和法称的《七部量理论》，并在各寺院建立辩经院、禅院和讲说院。赞普迟松德赞时期，玛·善慧译师从印度翻译《释量论》。自10世纪70年代后期，藏族学者仁青桑布译师赴印度学成回国后,翻译了法相乘、因明、波罗蜜多等许多经典，之后其著名弟子玛·格维洛追和洛旦喜饶将《集量论》和《七部量理论》译成藏文。11世纪初，俄·列白喜饶建桑普寺，广招弟子，把《因明七论》译成藏文，并注释《定量论》。至此，闻说因明论著之风便在藏区盛行开来。

值得一提的是，夏瓦·确吉桑格，他可以说是藏区因明学的开创者。著有《量抉择论释》、《因明精要启蒙》、《所知五位论》、《慈氏五论》、《中观二谛》、《明相》、《入菩萨行论》和《现观庄严论》，以及《二种中观要略》等。从此，藏族有了本民族作者所著的因明论著。12世纪末，萨班·贡嘎坚参著写《量理宝藏论》和《量理宝藏注》，以理驳倒南印度六外道师，大力倡扬法相，收徒数以万计，在萨迦寺建立因明学堂。13世纪，宗喀巴大师对以前的因明注释颇多。14世纪初，贾察·达玛仁钦创作出《说量抉择论》、《量论指南》、《第四章释》、《广说集量论》、《第一章释》、《第二章释》、《还灭论》、《第三章释》等。克主·格列华桑亦著有《集量论释》、《说七部量理论》、《第三章释》等。18世纪以后，创作因明论著之势在藏区蔚然成风，创作大量的因明学论著。几乎各大寺院都有著写因明学的大学者，因明学因此得到很大发展。

《量理宝藏注疏》是众多量学著作中的佼佼者，影响广泛，成书于16世纪，作者堪钦·索朗伦珠对其先祖萨迦班智达·贡嘎坚参的名著《量理宝藏论》作了详细注疏。全书从总体上论证所知事物及解释能知量之本性两面立论，共分四部十一章，分别详细叙述了论外境、论内心、论总别、论直观分辨、论所诠能论、论联系、论矛盾、论定义、论现前、论为自、论为他。⑤

三、因明学与摄类学

因明学具有唯物辨证法的因素。因明中常见的“三相”，是指宗法、同品遍和异品遍。“三真因”是果因、自性因、不可得因。不管破非立是或者依理反驳，都要依据正确的三相和三真因。如有人说“声为有法，是常，因不是造作”。这就根本上错了，声是物或物之分支，瞬间幻灭，哪有常？以上“声”与“常”，性质完全不同，词不达义。

如“物之性相，具备能动”。这是说任何一物，都具有与自己相符的能量。土、水、风、火属四大种，其中土具有坚固的作用，水具有湿润的作用，风具有轻摇的作用，火具有烫热的作用。所以，把具有运动的东西称作物质，物质的运动不以人的意志为转移。所谓“一切有为法无常”，是说一切物质时刻不停地运动——消亡。“柱子有法，无常在之理，因无常，破立。柱子有法，无常，是法与刹那变化之故，破立。”既然柱子是物，哪有不变化之理？在谈到“共与分支”时，认为，共，亦既分支，分支，亦既共，共中有分支，分支形成共，共是以分支而言，分支是以共而言，共与分支互相联系。“因果”或“缘起”说，带有鲜明的朴素唯物主义色彩，它认为世间的一切事物都有因果关系，首先有因，然后有果，如因火起烟，因种生苗，因寒得病等。有因就有果，只有果而无因是不可能的，没有因果的东西是不存在的。⑥

因明学发展到一定阶段，其理论日臻完善，学派纷呈，著述颇丰，大德辈出。但学术界越来越注重艰涩深奥、长篇大论，却忽视了它的通俗性和大众化。这就为一般人学习因明学带来了困难，从而影响了它的普及性。一种简明扼要，易于记学的方法便应运而生——摄类学。

何谓摄类学？把因明学的所有论著和注疏摄略一身，故名。根据人们的智力，摄类学又分大、中、小三层。对于初学者来说，所学项目有：红与白、有无、是非、反体、共与支、小因果、一与异、对境与有境等八种关系。中级阶段所学项目有：周遍断语、周遍八门、承认、违和、性相名相、实虚等六要素。高级阶段的项目有：小应成、大应成、大违逆、大因果、三式、领属、共相与自相，遍遣趋入与直缘自体、诠类声与诠聚声、破除、破立、驳论等十二要素。另加心识与因类共计28项。现就摄类学大、中、小三层内容简介如下：

红与白。指颜色，用眼力能识别的。色分主色与次色，主色有四：红、黄、蓝、白；次色有八：云、烟、尘、雾、亮、暗、影和光。红，非因色而红，所有的色不是红，色还有白、黄、蓝、黑等。黄种人，并非因黄而称人，所有的人不是黄色，还有白种人、黑种人等。白马，非因白而称马，“白”只指颜色，而非体形，故白不表示真马，真正的马是血肉之躯。

有智无智。被因明所证，谓之成立。如，你若有智，你必先存在，你才有智。又如，马、牛、羊、房、石、山、土、水等即已存在，那么就有探讨它们的智。你若无智，你必先不存，这才无智。如兔角、虚空之花、乌龟之毛、石女之儿等不可能存在之事，决定了无智。永恒不变的现象是：虚空、知识、有智等。物质是因明研究的范围，如声、味、觉、触，形体是否有机与无机。拿“瓶”一物为例，它是无常的，因为是造作，它只起盛物的作用。如果有人问“声”是否为常？应回答无常，因为他是物的一种。

是与非。看起来似跟否定之否定学说一致，探讨事物的内在矛盾。常采用的词汇有：非有、非无、非有非——无、非无非——有等。如非黄种人非——非白种人，不能成立，因非黄种人非白种人一个，还有黑种人、棕色人等。又如，非造作之虚空为有法，是非造作非——不是造作的，不能成立吗？虚空不能造作，故非造作。

反体。思维中所现与异类或别类相反的事物。谓思维中所现的色法，如与非瓶相反者，即为瓶之反体。包括三个方面的内容：自反、义反和事反。事物之自反应有物质，事物之义反应有作用的，事物之事反应为体形、心识、不相应行。如瓶之自反是瓶本身，瓶之义反是腹鼓、底窄、起盛水作用者；瓶之事反是金瓶、银瓶、铜瓶、瓷瓶等。若说物之义反，是物之反体，不能成立，既已物之义反，不应再是物之反体，物之反体是体形、心识、不相应行。

一与异。是指事物的全部或局部。所谓的一，不应是孤立零散的，如形体、声音、山、马、牛等，强调整体一致。马，在意念中出现时，只有一个形象，而非两个。空中之花，这一意念出现在脑际时，实际并无，故不算一。一，是说现实存在的。一分自反同、类同、性同三种。自反同，说的是自反之非个别者，如无常与无常、物与物、瓶与瓶。类同，就种类而言，非个别者，如金瓶与银瓶，木鸡与鸡，它们属于同一类。性同，性质相同，本质一样，如物与无常、无与识、瓶与瓶无常。异，局部或个别者，根据脑中的印象而联想到其他事物，谓之异。如好与坏、有与无、大与小等。异分自反异、性异和类异。自反异，自反之为个别者，如柱与瓶、身与识、马与牛等。性异，体性或自性各自有别者，如常与无常、马与牛、男与女等。类异，种类各别的事物，如金与铁、土与水、鱼与獭、识与尸等。

小因果。物分因果。因，发起者，分近取因和俱有因。近取因，指常与主物建立关系，如人们常用之瓷瓶或者桌子，它们的主要原料是泥或木。泥是瓷瓶不可或缺的原料，木是桌子的主要原料。俱有因，指不管何物，都需要其他辅助作用，如瓷瓶和桌子，仅有原料是不够的，还需要人工制作。从依因生果而言，又分直接因和间接因。直接因，直接生起自果，谓与自己所生后果之间，无需经过其他事物者，如烟之直接因为火。间接因，间接生起自果，谓自己不能直接生起自果，中间须经过其他事物而后生者，如火以前之因为烟之间接因。果，因所生起的事物，如由种子生起的苗芽。果分间接果和直接果。间接果，由因间接生起之果，如事物最后刹那，是其第一刹那之间接果，因果之间，无多大相间隔者。直接果，由因直接生起之果，此因与其果之间，无他因间隔而直接生起果，如事物之第二刹那，是其第一刹那之直接果。

对境与有境。对境，是指因明所探讨的对象，如房屋、眼、耳、水、土、天空、瓶等。对境分物与常，何谓物？是指所有能起作用的东西。如有漏五蕴：色蕴、受蕴、想蕴、行蕴和识蕴。有境，能涉入自境而与之相适应的事物，指一切能解脱之声音、内心、感觉器官及补特伽罗（人）。如能感受瓶无常的思想，声无常的思想等。有境分能解脱之声及诸根等形色有境、心及心所等心识有境、补特伽罗等不相适应行有境三种。

共与支。世间之物都有共与支之分。共，成为各自分支或内容统一，归属的事物。如识与物，识是有境，属于共性，由此类推，天空、形色、识、不相应行等，都是共性。物则泛称，也是各分支之总称，有了物名，属下就有如山、水、地、房、牛、马等分支。柱子，是总名，它有柏木的、松木的、石的。人，是总称，其中分汉、藏、蒙、土等民族成分。共又分类总、聚总和义总。类总，众多自类所从属之处，如“物质”，一切色、声、香、味皆存在于物质总类之中，是众多自类之所从属。聚总，自己所有众多部分集合而成之粗分色法，如“瓶”，是自己所有腹、颈、口及底座等众多集合而成。义总，概念其相之一种，但存在于思维过程中之增益部分，即心中现起的外境形象，如思维中所现抽象之瓶。

违和。是指相互矛盾或互相连接。违，事物互相抵触，不和，如长与短，有与无，形色与识，常与无常等。违分互绝相违和不并存相违。不并存相违，由于互相损伤、抵触、使彼此持续平衡相伴并存的事物，如光明与黑暗，所断与对治、执有与执无、实执与无执等。不管是谁，如果自己认为是真的，那么不会产生不真的想法。换言之，在产生真的同时不可能产生不真的。互绝相违，彼此互相排除，不能同一者，如瓶与柱、常与无常、长与短、黑与白等。和，是指相属、统属，彼此互相联系，异体事物之此一破灭，则彼一破灭者。如火与烟，火与烟是关联的，一方破灭，另一方随即灭。又如马和物，二者属于同一范畴，马是物，没有物，马无须存在。和，分同体相属和缘起因，同体相属，体性同一和关系，如物与瓶、瓶与瓶之反体，皆体性同一而反体各异。如无物则无瓶，无瓶则无瓶之反体。缘起因，有众多因缘和合生起果，或彼此互相依存。如由种子生起苗芽，由生变老，由火生起烟等。

性相与名相。性相及名相二者相互间，是则遍是，非则遍非，有则遍有，无则遍无。性相，指事物之性质，如托屋梁是柱之性相。名相，指事物之名称，名为柱者是柱之相。[⑦]

综上所述，摄类学独辟蹊径，对因明学进行了高度概括，重新定位，从中脱颖而出，派生而来，成为删繁就简，多元整一，别有境界之新学科。虽然它与因明学同属一宗，但它自成体系。因此，不能将二者完全混为一谈。它们的根本区别在于，因明学是针对高层次的，所学都是大宗典籍，内容高深，而摄类学是针对低层次的，所学一般简单，是因明学的前沿学科。

注释：

①《中国藏学出版社藏文图书目录》；

② 张怡孙主编：《藏汉大辞典》民族出版社2000年版；

③ 东噶·洛桑赤列编纂：《东噶藏学大辞典》中国藏学出版社2002年

版；

④ 同③

⑤ 同②

⑥ 隆多喇嘛·阿旺洛桑著:《工艺学等所出名目》四川阿坝州藏文编译局1985年内部刊印；

⑦ 李建本著:《初级辩理概论》甘肃民族出版社1985年版。

第一章　色之差别

第一节　所知差别

这里，略表所知（泛指世间万物，人类所认识的对象。以下括号内文字均为译者所注）差别。其中包括内心可以认识的外境和所知性相。释义：诸如房、柱、家什等存在物，可成为用心认识的对象，或感知，或可知，名为所知。所知的事相（事物的特性）是，柱、瓶、色、知、空、土、水等。非所知是，兔子角、既常亦非常、既柱亦瓶，这些不是所知。因为不存在，故不可感知。与所知一个意思的有，所知、有、成实、所量、所缘、法，它们互相对等，是等遍（互为相同）。何谓等遍？如所知和有二者互为等遍，因为既然是所知，证明是有遍（彼此存在）；既然是有，证明是所知遍（必是物质）。既是所知，为有遍，说的是既然是所知，理应为有；一切所知，不应为无有。因明所缘，存在性相，其事相诸如土、水、火、风等之存在。释义：这些存在为心量（标准的知觉），即以正思决定所缘境（心识所认知的对象），因可感知，故名。真实成就，或成实之性相，其事相是，柱、瓶、眼、耳等。释义：眼、耳、柱等为量（真实探索自境），既以正确之识而成，便有可知之理，是为此说。例如，某座房子是否有无，须以心量观察之后，方知有，或有成，才说成实。以量观察，所量（以正确之量所认知者）之性相，其事相是，房、柱等。释义：山、水等可以心量观察和理解。以心理解和以心观察为一个意思。执我（执着自我）之法相（万物之表相），其事相是，柱、瓶、地、空等。释义：柱等谓之法（物质），是因为不失其各个之性质、特点、执我相（具有独立性），故为此说。例如，瓶以自身总的性质决定了自己是否是所知，它的特点是腹突出，底扁圆，能盛水。所知之区别是，常和物。常，指非一念顷之法（丝毫没有变化之物），其事相如天空。释义：永久恒住，谓之常；非一念顷一念顷灭亡（顷刻变化），谓之非一念顷（不是常）。常分普遍常和个别常。第一，如无造做的天空，没有挂碍，确立无遮，是无造做天空之性相。释义：虚空为有法，因为存在，故为所知，不依任何东西而存在，恒久不变，称之为普遍常。非因缘和合，故谓之无造做天空。第二，个别常是，如瓶之空间，屋之空间。释义：瓶内空间和屋内空间是有法（存在的），故谓之个别常。这样说是有根据的，瓶与屋是个别实有法，没有生灭，藉此安立，因为它们是时有时无的实有法。何谓实有法？有能量的就叫实有法，一切有能量的东西就是实有法。实有法分色、识、不相应行三种。何为色？可现色者谓之色。其事相是，如瓶、声等。色与体同义。也就是说，在正在发生和将要发生之实有法内，互相碰撞和破坏，谓之现色。类聚现色，谓之色蕴。色与色蕴同义。事相如原子、瓶等。释义同上。原子形成，谓之体。事相如瓶、原子等。原子为有法，亦即形成原子，是物质之缘故。那么，原子形成是指自己本身能做物质。

第二节 内 色

色分内色和外色两种。内色分为：眼根、耳根、鼻根、舌根、身根。

眼根，指处在能做非同一般的增上缘（对果的产生起决定性的作用）类中的内色清澈者，谓之眼根。眼、眼根、眼之生处、眼之四界同义。其事相是，在眼根所依处，形成一个恰似胡麻花大小的透明色（体）。若区分之，有有依眼根和相同眼根。能做眼识的非凡增上缘之眼根，是有依眼根的称谓。释义：如以眼识正在观色时的眼根。不做眼识的非凡增上缘的眼根，是相同眼根的称谓。释义：如入睡后暂时的眼根。正在观色时之眼根，是依己眼识之眼根，称为有依眼根。入睡时的眼根，不是自依的有依眼识的眼根。虽然入睡时没有眼识，但是有依己的眼识之眼根与是眼根同属一类，称为相同眼根。就像眼与眼根同义一样，身与身根之间相同，眼根等只有靠意识支配，完全不是五根识的执境（五根识所认识的对象）。但是，当眼识看见眼等之根基时，在思想上产生看见眼等的感觉，所以可以认定看见眼等。故眼、鼻等能在眼识中有所反映，但眼识中清晰表露，非眼识所起的作用，这不是眼识之执境。所依，应指眼之花点、鼻之镰形等，这些只是根之所依，非真正的根，就像人住的房子一样，所依被否定。

耳根，处在能做自果耳识之不共增上缘类中的内色清明者，谓耳根之性相。其事相是，在所依耳孔内，形如桦树而被拧断似的清澈透明物。耳根、耳、耳之生处、耳界为同义。分为有依耳根和相同耳根。

鼻根，处在能做自果（事物本身）鼻识之不共（非共同的）增上缘类中的内色清明者，谓鼻根之性相；其事相是，在所依（鼻本身）鼻翕之两端，像铜针并列似的清澈透明物。鼻根、鼻、鼻之生处、鼻界为同义。分为有依鼻根和相同鼻根。

舌根，处在能做自果舌识之不共增上缘类中的内色清明者，谓舌根之性相；其事相是，在舌之所依上方，似两半月对称的内色清明者。舌根、舌、舌之生处、舌之界为同义。分为有依舌根和相同舌根。

身根，处在能做自果身识之不共增上缘类中的内色清明者，谓身根之性相；其事相是，感触身之内外上下的肉、骨、皮、筋等，清明细胞充满身体全部。发端、指甲末、血、唾液、屎、尿等未遍（不包括），因对它们有利有害，故身识无乐苦的变化。身根、身、身之生处、身界为同义。分为有依身根和相同身根。

第三节　外　色

外色分为：色之生处、声之生处、香之生处、味之生处、触之生处。首先，眼识所执（所看到的），为色之生处性相。释义：像白螺之色、白云。五外色之一的色、色之生处、色界为同义。色之生处分颜色、形状。颜色，指所有显为颜色者，分主色四种，次色八种。四种主色是：白、红、黄、蓝。八种次色是：云、烟、尘、雾、亮光、暗、阴、阳光。形状，指所有显为形状者，分为：长、短、方、圆、高、低、平整、凹凸不平八种。颜色与形状有是非四项判断：是颜色而非形状之判别，是形状而非颜色之判别，形状与颜色都是的判别，形状与颜色哪个都不是的判别。第一是有可能的，如蓝黄、红白、阴与阳光、亮光与黑暗。第二是有可能的，如八种形状。第三是有可能的，如云与烟、尘与雾。第四是有可能的，如声、香、味、触。声之生处是，耳识所听者，叫做声之生处，所听为声之性相。声、声之生处、声界为同义。声分总声和分支能诠声。

首先，从根本上区分有二：从掌握的大种（土、水、火、风）中出现之声，从未掌握的大种中出现之声。何为掌握与未掌握？这是指感官能否受执，根对声音是不能控制的，也指对于声之因的大种能否控制，从根制约的大种中出现的声有：如人的语声，人的鼓掌声。成为人所鼓掌声之因的掌面的四大是由身根控制的，对于由此而发出的这个声音，叫做控制大种而出之声，对大种能否控制，是指人的手等用东西加以触摸，身识产生安乐；以矛与刺等加以损害，产生痛苦，是根所控制的大种，反之根所不能控制。从根所未控制之大种中发出的声，谓之未控制的声，如鼓与锣的声音。成为这二声的因素的鼓槌与鼓面等的大种是，根所未控制。这二者分为四支：控制的声可视为有情声，控制的声不可视为有情声，未控制的声可视为有情声，未控制的声不可视为有情声。可视为有情声，是指授记内容之声。本声、能诠声和心识之声三者同义。不可视为有情声，是指不授记内容之声。这与非能诠声、非心识之声同义。第一，如人说话之声，此声发生的原因是，人的舌腭大种受到根的控制，从此发出的声，是因宣示所诠的（所要讲述的内容）；第二，如人拍掌的声音，此声发生的原因是，手掌的大种受到根的控制，从此发出的声，是不宣示所诠的，因为没有实际所诠（没有实际意义）；第三，如收音机宣传政策的声，此声发生的原因是，收音机零件的大种未受根的控制，从此发出的声，是宣示所诠的，是因为说明政策；第四，如水声，此发生的原因是，未受根的控制，从此发出的声，是不宣示所诠，因为没有实际所诠。这四支细分起来又有八支，即四分支中每个分为二支，共有八支：控制之声，视为有情之声悦耳与难听；控制之声，不视为有情之声悦耳与难听；未控制之声，视为有情之声悦耳与难听；未控制之声，不视为有情之声悦耳与难听。

能诠声（以语言表述事物的形式）有二：声之所诠、能诠声。声之所诠，指以符号领会，是为声之性相。所诠、境、所量三者同义。如存在的话，声之所诠是遍故（存在故）；如存在的话，声之真实境是遍故。能诠声是，以符号了解自境之所闻，谓之能诠声之性相。如，说“房子”的声。能诠声与语声不一样，语声是由人的舌腭相互作用中产生的，而能诠声不是直接从人的舌腭中产生的，如收音机等表示内容之声。能诠声从本质上分为名、句、字。仅反映内容实质之声，是名、句、字三者之一——名的性相。其事相是，如说能起到担梁作用的就叫做“柱子”的声音。又分为实名和假名。如对鼓腹者叫做瓶，是实名；如对大力士叫做狮子，是假名。赋予内容实质与特点而反映之声是句之性相。其事相是，如说“声无常”，是“声无常”的声。成为名与句二者主题之声调，是名、句、字三者之一——字的性相。其事相是，如说“坡尔瓦——罐（བུམ་པ）”词之音节中有ཕ调、ནར调和བ调。具体分为辅音与字根两种。

能诠声包括两个方面，即诠类声和诠聚声。诠类声，词语之直接叙述众多同类事物者，叫做诠类声。其事相是，如说“所知”之声，因所知是类总，故常与实有法等为类总，常与实有法为所知之一。诠聚声，词语之涉及某直接叙述的各个部分之总体者，叫做诠聚声。其事相是，如说“瓶”之声，因瓶是聚总故，它由腹、颈、底等若干分支组合而成，是这些凑在一起的聚总，故叫做类总。这里的类总，是针对一般和个别中的一般而言。类总中的总，是指自己几个分支和合而成。能诠声又分为：非有限制声、另有限制声、不容有限制声。非有限制声，是指断定其本体无此特点，指出仅有之声。其事相是，如说“声只是无常”，断定声非不具无常，但最终指出声仅仅是无常的。虚词可用以表示某处不存在某一事物或否定某处具有其他事物者，是另有限制声之性相。其事相是，如说“声只是用来耳听”。“声只是用来耳听”一语，非声的本体具有所闻，被完全限制，指只有声才具有所闻的特征之声，故限制本体不具此特征，为非有限制声。其事相是，青莲是惟一存在的。这句话是说，不否认除莲花之外的青色，不可能青莲被彻底否定，只指惟一存在青莲之声。

在能诠声中，因说者与听者欲言之故，分为二声：诠有法声、诠能别声。其本体是指事物本身，依此本身，是为诠有法声之名相。此与不排斥其他区别之声同义。其事相是，如说“声无常”。这句话是说，依赖声音而诠有法声；区别此声无常的本体与言无常是声的特征故。“声无常”一语，是指非依声诠能别声，因声非指特征之声故。但依无常，诠能别声，因指无常为特征之声故。“声无常”一语，一般应该知道诠能别声和诠有法声二者都是。“常无常”一语，是说依声不排斥其他区别之声，此声不仅说无常的事物本体，而且不排斥所知与存在等的事物本体。这表明，除声无常外，非指他法一无是处。此本体指为特征之声，是依此本体诠能别声。此与不排斥其他区别之声同义。其事相是，如说“声的无常”。这句话说的是，声依本体，诠能别声。指声特征之声故，听者闻无常时，不知究竟指的是柱无常还是瓶无常，问题是说者之声无常。本体声无常，分辨柱无常或瓶无常的关键是声，言声无常本体与声特征，说“声的无常”指依声扬弃其他区别，辨别声的无常差别，除声外否定其他故。这样的分别法，除声外否定其他。于是说“声无常”，此声对分辨之法，除无常之外，未否定其他特点。不排斥其他差别之声与“声的无常”，对声的无常分辨差别之法，除声外否定他有，称为扬弃其他差别之声。依此类推。

气的生处，以鼻识来嗅闻的对象，叫做气的生处。气、气的生处和气界同义。气从根本上分为：香气和非香气。又分为：香气的平与不平，非香气的平与不平。另外，如旃檀的气是自然气，人工气是和合气。

味的生处，以舌识品尝的对象，叫做味的生处。味、味的生处和味界同义。味分为甘、酸、辛、咸、苦、涩六种。如甘蔗的味是甘甜的；山楂的味是酸的；三味药是辛的；内地盐和蒙古盐是咸的；蒂丁的味是苦的；诃子的味是涩的。六味又细分为三十六味。品尝三十六味时，对舌识产生各种有利的味道(刺激)；在咀嚼消化时，对身识产生各种无害的味道；消化之后，对身心产生各种有益的味道。故又各分为三，共108味。从混合调制来说，因调烹之故，光甘味就能产生好几种，所以如对六味进行混合调制后，可以产生无数的味道。另外，对三十六味从无益、有害、无利三方面分，共有108种。

触的生处，用身识来感触的，叫做触的生处。触、触的生处、触界同义。触可以分为现成触和未来触二种。现成触包括土、水、火、风。土的性质坚硬；水的性质湿润；火的性质烧灼；风的性质轻飘。这四大的作用是，土可固定，水可收敛，火可成熟，风可扩大。未来触包括：绵、粗、重、轻、冷、饿、渴七种。它们逐渐成为产生本因之果，本因水火居多者，柔软不粗，手感良好，触觉绵软；本因土风居多者，不绵难触，感触粗硬；本因水土居多者，如秤杆仰起一般，感触沉重；本因火风居多者，如不堪重负的秤头低垂下来一般，感触轻微；本因水风居多者，如受冷者欲得到温暖一般，感触寒冷；本因风盛者，如胃中食物耗尽后想进食时，出现胃口闭合的感觉，感触烧、饿；本因火盛者，如胃中水分耗尽，出现膀胱闭口的感觉，感触渴。长与短，高与低，重与轻，是彼此而言的。

第二章　识

第一节　识

论识方面，思、识、智、明同义。智是思之性相，明是识之性相。所以，思是智之名相，识是明之名相。简言之，反映自境（事物本身）的智是思之性相，事相如眼识、信仰、贪欲、嗔恨。释义：自境是否存在，但反映或出现于自身，就称为智。以眼识而言，眼识的自境——色（物）之生处反映自身，所以眼识自己就被叫做智或思。这样，误认兔子长角，自境虽无兔角，但兔角总的概念出现于自身（脑际），所以称为反映自境的智或思。自境明显（对象清晰的）的非色法（非物质者），是识的性相。事相上同。释义：识有自境也好，没有自境也好，都反映在本质中，称之为明或识。因非色、人、天空等故，称为非色法。自境明显是，如在兔角意识中，反映了自境兔角之形状，故安立之，同没有自境的所有意识一样。虽然，思与识的性质和意义相同，但还是有所区别，如：识别蓝色的眼识，是从反映自境蓝色之智方面，叫做思；从自境蓝色呈现自己本质方面，叫做识。识，是指反映自己本质的东西，虽然人是反映自境的，但并非反映自身，如：灯不靠别的，就反映自己本质；夜间的黑洞，只是靠灯光照亮的，而非自身照亮。不管人是否弄懂，总是取决于相关思之知与不知。

识与思可分为心、心所、有分别、无分别、七心识、量、非量、悟心、非悟心、错觉、非错觉。

第二节　心与心所

心，是指从自行发现自境本义的角度而言之识。其事相是，如眼识、意识。心、意、灵魂、心王同义。分为：眼识、耳识、鼻识、舌识、身识、意识。前五为根识。无论是根识、转识，还是五门识都是同义。何谓眼识？是指根依靠色之识，亦即根识。何谓转识？直接趋入各自之境，心眼向内，不缘对象（不会依赖对象）。根依色之门径而入对境故，叫做五门识。依靠自己非一般的增上缘——眼根，而自行看见成为自境色处本质的智，叫做眼识。其事相是，如看见白色之识。眼识、眼识之心同义。依靠自己非一般的增上缘——耳根，而自行听见成为自境之声本质的智，叫做耳识。其事相是，如听见琵琶声之识。耳识、耳识之心同义。依靠自己非一般的增上缘——鼻根，而自行闻见成为自境之气味本质的智，叫做鼻识。其事相是，如闻见旃檀气味之识。鼻识、鼻识之心同义。依靠自己非一般的增上缘——舌根，而自行尝到成为自境之味道本质的智，叫做舌识。其事相是，如尝试甘蔗味道之识。舌识、舌识之心同义。依靠自己非一般的增上缘——身根，而自行感受成为自境之触本质的智，叫身识。其事相是，如感受绵柔之识。身识、身识之心同义。依靠自己非一般的增上缘——意根，而自行掌握成为自境之义本质的识，叫做意识。其事相是，如看见声无常的识。意识、意识之心同义。

那么，成为根识的心，是依靠各自非一般的增上缘，无论成为自境的任何一种法，与己相应的识不靠其他，而自行发现，叫做心、心王、识、意。意与心虽然同义，但意识与心不同，意识产生心。意根，是指意识各自的先前（未产生意识前的东西）被立即否定的六识中的任何一种，例如，执瓶（指意识本身）意识产生时，其先前被立即否定的眼识与意识之间的六识或者其他，这是执瓶意识的增上缘根（产生果之根），是执瓶意识能够执境的根。从分别看见自境的方面而立的意，叫做意识。成为自己范围内的心王的意，叫做心王。从知道自境的方面而立的意，叫做意。这些虽然同义，但表述不一。从分别看见自境的方面安立意识，成为自己范围内的方面安立心王，从知道自境的方面安立意。

心与心所。从看见成为自境的意义特征方面而立的智，叫做心所。其事相是，如受与心。心所与随从心同义。一切心所有其趋向自己周围之心王，叫做随从心。

心所共分五十一种：五遍行、五别境、六大烦恼、二十随惑、十一善心所、四异转。

五遍行，包括受、想、思、触、作意。自行感受自境的形状之心所，谓之受。自行分辨自境非一般相的形状之心所，谓之想。不仅对自境自行寻思，而且心中记住此境的形状之心所，谓之思。境、根、心三者聚合，遇到境并自行考究自境的形状之心所，谓之触。自行深入自境，并且专注形状之心所，谓之作意。

受分苦、乐、舍三种。自行把握美丽、悦耳等有益之事，享受安乐的形状之智，谓之乐受。自行支配丑陋与疾病等有害之物，体验苦难的形状之智，谓之苦受。自行分辨像土石没有任何利害的中立者，体验非乐非苦的行舍（中立）形状之智，谓之行舍受。

何谓识？自境及其本身非一般的标记，即分辨各自特点不相混淆的形状之心所。例如，思想意识，自境非一般的区别是，从瓶、知识、物等几个区别中的知识等，分出自境不混淆瓶的方面而掌握；以瓶无常的意识分别心，清晰分辨瓶无常的细节，自行执持，触类旁同。

何谓思？就像磁铁吸金属一样，与己相应的思、受等，自行趋入自境，引起动作，内心思维，铭记成性，此等形状之大动作的心所。

何谓触？境、根、思聚在一起，心能自行遇境，而接触的部分，叫做触。

何谓作意？与己相应的所有心、心所，像思那样不仅只对境感兴趣，而且对作意的任何自境，自行深入，深入之后，注意巩固，如是形状的心所。

五别境，包括欲乐、胜解、念、定和慧。欲乐，是用来发挥作用、自果、勤奋之所依（依赖），针对成为自境的思想物，而自行做事的形状之心所。其事相是，如乐意知识，也就是说，想把没有得到的知识得到，得到的不致丧失。因此，产生潜学的勤奋，其功用是发奋勤勉。胜解，功用是自己的执境中心不被吸引，针对认识的自己，自行专一彻底执持的形状之心所。其事相是，胜解有为法无常，确定有为法无常，产生信心，自行坚定无疑地认为此物真实的形状之心所。念，功用是心不散逸，针对熟知自境之物，自然不忘的形状之心所，叫做念。其事相是，针对以前了解而熟悉的规律，自然忆起这个规律，内心升起的心所，现在所忆起的一切物，是以前所熟悉的。定，功用是启发智慧，针对假名自境之物，自然专心致志的形状之心所，叫做定。其事相是，修习有为法无常之定。何谓假物？

因为根识不会产生定，故只以意识决定现境之物，例如，不了解有为法无常的人，假设一个想象有为法无常，而依此修炼。慧，功用是消除疑虑，针对观察自境之物，自主进行取舍的形状之心所，叫做慧。其事相是，如了解道理之慧，也就是说，针对自己的目的，完全自主分辨此物的道理原来是这样的或那样的，如是形状之心所；靠智慧之力量，认识此物的真实缘故时，就消除了此物的道理是否是这样的怀疑。因为这五项所向往的，仅仅是善心，所以称为五别境。

六大烦恼，即贪、嗔、慢、无明、见、疑。贪，是指面对可意之物，对它产生留恋，而难以割舍，这样形状之心所，叫做贪。嗔，面对苦难之处的情况，而心情感到压抑，这样形状之心所，叫做嗔。慢，针对内外物（内心与世界）的任何一种产生骄傲形状之心所，叫做慢。无明，针对任何一物，而未能了解，这样形状之心所，叫做无明。见，针对任何一物，产生邪执之心所，成为烦恼之见。疑，针对真实之理，产生怀疑，这样形状之心所，叫做疑。不由自主地心生烦恼，或模糊不清，有这样功用的心所，就是烦恼。这六项，是导致心情迷惘的根源，所以谓之六大烦恼。

二十随烦恼，即忿、恨、覆、恼、嫉、悭、谄、诳、憍、害、无惭、无愧、沉惛、掉举、不信、懈怠、放逸、忘念、不正知和散乱。注意眼前实际，表现出打击的情状，这样的心所，谓之忿。忿与嗔恚有所不同，嗔恚与恼恨的对象虽不在一处，但心中一出现，就怒不可遏，像火山爆发。再说忿，当忿因具体存在，而想打击等，像火上浇酥油一样，怒火中烧。因忿恨之缘故，而嗔恚不断，给对方施坏，进行报复行为的心所，谓之恨。因自己或他人或不善之缘故，而加以保密或掩盖行为之心所，谓之覆。因忿怨之缘故，而包藏害人之心，这样举动的心所，谓之恼。因看见别人的富裕，无法忍受，情绪躁乱，这样行为的心所，谓之嫉。因过分珍爱用品等故，而加以严密保管，谓之悭。由于贪恋名利，就任何一种知识而言，虽然自己不曾拥有，但装出拥有的样子，这样行为的心所，谓之谄。为了向别人隐藏自己的罪责，而费尽心机，这样行为的心所，谓之诳。诳与覆有所不同，覆是隐藏的表象，而诳是付诸行动的表现。基于任何一种丰裕，意悦心安，从而表现出自满的行为，这样的心所，谓之憍。憍与傲不同，憍指的是心一欢喜，就自满起来。针对有情，表现出没有慈爱的行为，这样的心所，谓之害。它的对治（制止）是慈悲，因为它不害人。因罪行的缘故，为自己开脱，强词夺理，而毫无顾忌的行为，这样的心所，谓之无惭。因罪行的缘故，假借别人名义，而放荡不羁的行为，这样的心所，谓之无愧。无论对任何所缘（物质）保持怎样的态度，但身心疲惫，不知所措，神情恍惚的行为，这样的心所，谓之惛沉。因喜欢妙欲等可意之物故，心情放逸，不能平静，这样行为的心所，谓之掉举。放逸与掉举有所不同，放逸只是心情外放，而掉举属于贪嗔之列。明显出于正因，或物或人的优点等，而不予相信，并表现出不愿意的姿态，谓之不信。无论怎样美善的事物，都不能引起兴趣，谓之懈怠。当心向善美时，逆境气馁，不思进取的心所，谓之放逸。无论何种烦恼之缘故，使神志恍惚，出现忘怀形状的心所，谓之忘念。就身语意三业，而不随时了知所行（行为），这样形状的心所，谓之不正知。无论心系何缘，但散乱掉举，这样形状的心所，谓之散乱。掉举与散乱有所不同，掉举指热衷于乐意的东西，属于嗔恚之范围；散乱指喜好繁杂，不一定属于嗔恚之列。对这二十种之所以称为随烦恼，是因为与根本烦恼相近，同样导致心情烦恼，故名。

善者有十一种，即信、惭、愧、无贪、无嗔、无痴、精进、轻安、不放逸、舍、不害。无论对信仰的三个目标中的任何一个产生敬信，这样形状的心所，谓之信。三个信仰目标是，真、有、无欺。因自己的缘故，顾忌祸害的心所，谓之惭。因其他与善行的缘故，避忌祸端的心所，谓之愧。眼见世俗财富，而不贪不取，这样形状的心所，谓之无贪。以自己为缘，没有害人之心，这样形状之心所，谓之无嗔。对治（遏制）无明，妙观察智稳定的心所，谓之无痴。喜欢善良方面的心所，谓之精进。执意追求妙善之缘，杜绝身心投生恶趣的根源，这样的心所谓之轻安。趋向善妙，身处恶事而保守节操之心所，谓之不放逸。由于心志沉掉而不会使不平等的心所，谓之时舍。就苦难所缘而难以忍受，这样形状的心所，谓之不害。对这十一种之所以称为善，是因为仅仅属于善心的范畴。

四异转，即睡眠、恶作、寻思和伺察。心力不由自主被沉入进去，这样形状的心所，谓之睡眠。因一件事的缘故，而闷闷不乐，耿耿于怀，这样形状的心所，谓之恶作。为了得到智慧，初步进行涉猎，这样的心所，谓之寻思。为了得到智慧，进行深入研究的举动，这样的心所，谓之伺察。

在五门识之范围内，除五遍识与二伺察外，没有其他的心所。心所悔、六大烦恼、二十随烦恼，成为有寻周遍；五别境、十一种善、异转睡眠也是念头。故五门识没有有寻和念头。心及心所本质相同，亦即形成于同一个本质；就是指同一思想不同区别的若干反体，二者本质不会分崩离析。例如，认识瓶之心，自行洞察瓶之本质，这个基点被视为心王；认识瓶之心，自行体验瓶之好坏，这个基点是心所受；认识瓶之心，自行认知瓶之不共特征，这个基点是心所想；此心自行留意瓶，并加以思索，这个基点是心所思；此心自行考研瓶之美丽或一般，这个基点是心所触；此心自行向往瓶，这个基点是心所作意。这样，应知眼识范围的五遍识，是同一眼识不同特点的一个反体；五别境等心所，也被认为是作意的不同特点的若干反体，抑或是一个反体的同一本质，没有背离想之心所。因没有与心所背道而驰的想，心与心所都是同一个心的若干反体，但功用等不一样。

心与心所质同，因为是物，故为质；形成于同一个思之质，心所来自心质，一切心所都互相来自同一个质。

心与心所是不一样的，因心中出现的事物各自不同。例如，认识瓶之思，自行洞见瓶之本质与自行感知瓶，二者在心中的理解意义有着很大区别。其他心与心所也类同。

心与心所二者是互相矛盾的，同一个心自行洞见事物性质与自行感受事物性质是不相同的。

心与心所又是相应的，有五相应之称，即所依相应、所缘相应、形相应、时相应、事相应。所依相应，指所依境同样。所缘相应，指所缘境一致。形相应，指执持境同样。时相应，指生同时、住同时、灭同时。事相应，事物之间相应故，只生一个心王，其范围的感受也只生一个。

第三节　有分别识与无分别识

识分为有分别识与无分别识二种。有分别识，指可以把声与义混为一谈的耽著识，其事相是，如瓶识。释义：如瓶的名字等出现在心里，是名言共相（心中出现事物名称的表象）；或者说瓶的名字等出现在心里，是义共相（心中出现的事物形象），有无都一样。如是名言共相与义共相在心中一同记忆，从表象出发，耽著自境之明，就叫有分别识。没有自己的义共相不显之分别识（思维意识），没有名相的名言共相不显之分别识，如一个不知瓶为何物之人，在他心目中的瓶分别识，虽有义共相，但不出现名言共相，因为在心中没有一点瓶的名字，故如此。不谙瓶名的人心中的瓶分别识，其心中的瓶分别识不是声义一同认识的心，只显义共相，而不显名言共相。但是，在瓶分别识中，出现瓶的义共相，叫做瓶的名言共相合识，故亦称为名言共相合执的耽著识。熟悉瓶名的人的若干瓶分别识中，瓶的名言共相与义共相同时出现，是声义同执的分别识。可谓同执的分别识，因可相同而一致故，熟知语言的一切分别识，出现声义的二共相，或者其显现境不一定具备二共相。例如，父亲的儿子的识等，了解其中的一切含义，就没有名言共相，而显义共相。耽著识，是指执着自境，亦即执著。执著，如眼识亲自看见瓶，就可树立这个见，无需执著；没有以瓶识进行执著（的道理），体验像眼识无以为执的区别，道理成立。

分别识包括：名言分别与事物分别；实境分别心与非实境分别心；闻、思、修分别心。

名言分别，指名号位之义与名言位之名合执的（相混淆的）耽著识。其事相是，如想鼓腹者为瓶的分别识。此与声义同执的分别识同义。

事物分别，指对事物未加命名而执的分别识。其事相是，如骑马的壮士是谁？所想的分别识。

实境分别心，是指有自境的分别心。其事相是，如瓶分别心。非实境分别心，是指无自境分别心。其事相是，兔子有角分别心。这里的自境非指显现境，而是指外境，瓶分别心的自境是瓶，兔子有角分别心的所取境是兔子角，前者是实境分别心，后者是非实境分别心。

闻、思、修分别心，是指从名言共相出发，得到确认的耽著识，是闻所生分别心。其事相是，如对往事之因未决，而了知瓶无常之心。思考闻所生之义，以因明确认的耽著识，是思所生分别心。其事相是，如以因由确认声无常之比量。对于思所生之义反复熟悉的牢固思想为代表的耽著识，是修所生分别识。其事相是，如以修力确认声无常的分别心。所有分别心是错觉，因为误把义共相当作义的心。又如，瓶虽不在此处，但从瓶的义共相出现以来，产生执瓶分别心，义共相虽非瓶，但仍然错误地认为是瓶。执瓶分别心，是对自己认知境未有错误的识，它认知的境是瓶。如同执瓶心分析的那样，对义无欺（无错）故，谓执瓶分别心是实境分别心，不是有分别颠倒识。

无分别识，指远离声义同执的耽著之识。其事相是，如执瓶眼识。自境显现中没有义共相的显现故，远离声义同执的耽著识，清晰显现任何自境的一切识是无分别识。若区分之，像有执瓶眼识是明显的现前识。白螺现为黄色的根识，无明显的无分别颠倒识。

第四节　七种心识

七种心识是，现量识、比量识、再决识、伺察识、现而不定识、犹豫识、颠倒识。

现量识，指无分别无错误识。其事相是，如视物现量识、闻声现量识。远离分别心，需要一个非分别心，谓之无谬。视雪山为青色的根识，视白螺为黄色的根识，视阳焰为水的根识等都是错觉，故非现量识。此又分为，视物根现识、闻声根现识、嗅气根现识、尝味根现识、触受根现识。近似现量识分四种：（1）惑乱因在对境中的无分别颠倒识，如迅速摇动火把，不断照亮周围环境的根识，它的自境是从火把迅速转动的惑乱因中照亮周围，是惑乱无分别颠倒识。（2）惑乱因在自身，如眼被翳所遮，一个月亮显为二个月亮的根识。一个月亮变为二个月亮的惑乱因是被翳所蔽，自身的因在眼睛故，导致一个月亮显为二个。（3）惑乱因在处境，如坐汽车或火车时，左右的山与树也在走动的根识，这山与树走动的惑乱因在于疾速行进的汽车与火车故，所以才有了山与树走动的错觉。（4）惑乱因在等无间缘，如由于嗔恚所扰而产生大地变红的根识，这里大地变红的惑乱因在于等无间缘的嗔恚故，所以产生了大地变红的错觉。这些是近似现量识，而非真正的现量识，因为是错觉故。

比量识，指依靠安立自身真因而生，并对自己的所量隐蔽分（正量认识不可知的）持千真万确的耽著识。其事相是，如以已作因了解声无常的比量识。比量识又分为：事势比量、极成比量、信许比量。事势比量，指自身依靠事势正因，对少许所量隐蔽分持千真万确的耽著识。其事相是，如从烟的因中知道有火。事势道理，如有烟必有火故，没有烟，也就没有火之因；烟生自火，火除了烟再不产生其他物。这是二物的性质或规律，无则不生之这个关系，就成为事势道理之因，对此就叫做事势道理之因类。极成比量，指依靠极成正因，对以名号或以意愿而立之境持千真万确的耽著识。其事相是，如于分别境中之因，了知可言玉兔（可以叫做玉兔）是月亮之比量识。玉兔与凉光（具有凉意之光）是月亮，有其释词之名，言玉兔为月亮，是原始词。对此，人们称之为“月亮”，约定俗成，在人们的心中知道月亮为何物，玉兔为有法，可以叫做“月亮”，因为它在人的心中。如是立论，别无他因，流布于世，约定俗成，故谓极成正因。对由此而生的比量，称为极成比量。信许比量，指自身依靠信许正因，对所量十分隐蔽分（非常隐蔽的东西）

持千真万确的耽著识。其事相是，如依靠自己非常信赖的人的话，而产生某库中有金子的思想。信许之因，指因与宗二物为同一本性。故非能察所立的事势，也非仅仅极成之因，而是所量者——人所得到信许之因。

再决识，指再了知已知者。其事相是，如执瓶现前识第二顷刻（对瓶的理性认识），了知声无常的比量第二顷刻。再决识，指以引导自己的前量绝断虚妄，或者已知之思未衰退之义，被自己复又认识。再决识分为：现前识习惯再决识和比量习惯再决识。前者，如知青色眼识第二顷刻；后者，如了知声无常的比量第二顷刻。

伺察识，指依靠领纳力和任何自身理由，没有直接消除虚妄的必要，对真实自境始终持千真万确的耽著识。其事相是，如并非原因决定，而是始终认知声无常之心。这是心识故，声无常非由领纳力决定。因未决定原因，故非比量识。自己主观认识的声是无常的，故自境正确。毋庸置疑，也是始终坚持之思。非执因明所了知而未消隐之义，故为新近耽著的耽著识。谓相余领纳力无定，故否定现前识与伺察识之同分（两个不同的事物存在于一处）。谓以理无定，故否定比量识与伺察识之同分。谓自境真实，否定颠倒识与伺察识之同分。谓一概完全，否定疑惑与伺察识之同分。谓新近，否定再决识与伺察识之同分。伺察识分为：无因伺察识和有因伺察识。无因伺察识，不考虑任何原因，就认为声无常；有因伺察识，一想到声为造作，故应为无常，认定声无常。

现而不定之识，指既是自己的照了境——自相清晰显现，又是对自己的照了境不甚了悟之识。其事相是，如眼睛看见美丽的东西，对其产生尤为喜恋的暂时的听觉根现识。此又分为：眼识的现而不定识和身识的现而不定识等五种。

犹豫识，是指对自境不由自主地产生怀疑的根本烦恼。其事相是，如怀疑声常还是无常？此又分为：合理犹豫、非理犹豫和等分犹豫。合理犹豫，如声常还是无常？大概无常吧？犹豫不决。非理犹豫，如声常还是无常？大概常吧？犹豫不决。等分犹豫，如声常还是无常？到底怎么样？犹豫不决。

颠倒识，是指对自己所执的境产生错误之识。其事相是，如把声寻思为常，把白螺错认为黄螺之根识。此又分为：有分别颠倒识和无分别颠倒识。对自己所执的境产生错误的耽著识，叫做有分别颠倒识。如认为声常分别识，认为兔子有角分别识。对自己所执的境产生错误的明显识，叫做无分别颠倒识。如错把白雪山视为青雪山的根识，把梦中的马当成真马的意识。颠倒识有几种错误现象，如发缕下落，错在本质；把一个月亮视为二个月亮的根识，对数字产生错误；感觉树木走动，对动作产生错觉；把白螺视为黄螺，对颜色产生错觉；把火把视为轮子，对形状产生错觉；把子夜当成中午，对时间产生错觉；由于阳焰之故，把小东西视为庞然大物，对体积产生错觉。

第五节 量与非量

量，是指新颖无欺之识。其事相是，如首次认识蓝色的眼识量，首次认识声无常的比量（直接认识），识别白色的眼识等根识量（六根之认识水准），都以领纳自境（感知对象）而消释究竟（彻底断定），比量依据正确因，彻底认识自境，谓之无欺之识。“无欺”，是指否定了伺察识和颠倒量。量需要探究之思，故称新，否定再决识量。所谓“识”，是指否定有境人与所诠声量。量分为现量和比量。现量，是指非寻思、非误、新而无欺识。其事相是，如根现识第一刹那（事物形成的最短暂的时刻）。此又分为：视觉根现识量等五种比量，在“七种心识”一节中已述及。就因明的数字而言，只有自相显现为现量和共相显现为比量两种，凡此亦然。所量只有自相与共相，其显现境之量也只有自相与共相，没有他法为显现境的量，既非现量也非比量的量，即中间路线是没有的。自相与物质同义，共相与常同义，现量显现境与所量同义。例如，识白色眼识之显现境是白色，那么所量也只能是白色。比量显现境与所量是不一样的，如在了解声无常的显现境中，须有声无常的义共相，所量须有声无常，凡此亦然。在了解声无常的比量中，须出现声无常的义共相，它使度量或者执持声无常故，了解比量等是为所量者的所量，与感受之境一致。又如，了解声无常的比量感受之境是声无常，所量也是声无常。所谓感受，应理解为感受之境，根据在了知声无常的比量中有声无常的义共相，就应该想到这声音是无常的；如以眼识领纳本身发青而加以掌握，余无其他感受。自定量、他定量、量果之论等按下不表。

非量识，是指非新近之识。其事相是，如了解声无常的再决识，以及认为声常的心。它包括：再决识、伺察识、现而不定的心、犹豫识、颠倒识。

第六节 悟心与非悟心

根据心力，对物能够悟解，谓之心中悟其物。其事相是，如以眼识了知白色，以了知声无常的心了知声无常。根据心力，了悟物相之识，是悟物之思。瓶识和知瓶再决识也属此列。它有直接领悟与间接领悟之分。

直接领悟，是指从其心出现其境之状方面加以领悟，谓之其心直接领悟其境。其事相是，如以知瓶现前识领悟瓶，以直接领悟声无常的比量领悟声无常。

间接领悟，是指其心中虽然未现其境况，但根据其他境况出现而领悟其境，谓之其心间接领悟其境。其事相是，如以领悟声无常的比量，声常空洞无义便间接领悟；在领悟声无常的比量中，虽未出现声常空洞无义的情状，但出现他境声无常的情状，在直接领悟声无常之后，声常空洞无义便间接领悟，所以声常空洞无义便可确知。以领悟声无常的比量，显现声无常的情状，在领悟声无常的同时，直接决定认为声常的虚构，误认为声常的虚构也间接决定。

非悟心，是指对自己的所量不能确知之识。其事相是，如现而不定之心，认为声常之心。现而不定之心是非悟心。如上所述，虽现自己的了知境，但无法进行确知，而寻思（认为）声为常，是非悟心。其认为声常是不存在的。分为非悟、错乱寻思和犹豫。如现而不定之心，如误把白螺视为黄螺之根识与认为声常之寻思，如对声常与否犹豫不决。

第七节　错乱识与非错乱识

错乱识，是指对自己的显现境（客观现象）产生错误之识。其事相是，如把雪山误当作青山之根识，以及声常之思（认为声是常久不变的）与认为声无常之思。把雪山当作青山的根识是错乱识（非正确之识），虽在自己的显现境中没有青山，但错认为有。所以，领悟声无常之思，虽然未错在自己的感受境上，但错在自己的显现境上，显现境声无常（客体声是无常）的义共相（概念共相）虽非声无常，但在揭示声无常方面产生错误。是的，你是把义共相错认为义之心故也（错把概念共相当作概念）。此又分为：无分别颠倒识和有分别颠倒识。雪山现为青山的根识是无分别颠倒识；认为声无常的识和认为兔子有角的识为有分别颠倒识。

非错乱识，是指对自己的显现境不产生错误之识。它与无分别无错乱之识同义。其事相是，如瓶现量识（认识物之正确识）和色之眼识量（识物之正确眼识）。因没有对分别现境不产生错乱的，是对显现境不产生错误之识，应为无分别识。

上述之诸识，有自己的照了境（心识之认识对象），所有现前识（正确识）有自己的缘体（内心识物之方式），一切能诠声（名言）与分别心有自己的遮遣趋入（内心认识外境）。无分别之识以修习而入自境，能诠声与分别心以遮遣而入自境。把自境分为几部分，进行研究者，是遮遣趋入之义；把以自境修证之法，进行趋入者，是缘体之义。为何把自境分为若干部分？因为把自境特别的几个部分进行析离，采用其中一个部分者。例如，以识瓶分别心（认识瓶的正确心），知道瓶的特点，即瓶、所知、无常、物质、有为法，以及瓶形、颜色等若干部分（这些部分都是瓶的特点），把所知等其他部分从中分离出来，亦即把瓶分解成若干部分加以掌握。这样，把瓶视为物质的这个分别心，使瓶为所知等其他方面，分清或决断自己的外境，将瓶为物质的部分，各个分解而了知，这究其心之法便知。按分别心，能诠声对自境也遮遣趋入，如说“瓶”，在瓶为所知等瓶的几个特点中，分清或决断所知之处等各自内容，只言瓶貌。言“瓶为所知”（瓶是知识），使分清了为瓶而瓶等的部分，只把瓶为所知当作内容（瓶是知识的内容），其他能诠声雷同。以修习而入自境者，把在自境中特别的几个部分，不是一一分开后而只取一个，而是把自境的几个部分，复又趋入自境。例如，瓶根现识（认识瓶之根识）虽非全部掌握瓶的所有部分，瓶上面的人工与物质等部分一个也未加区分，瓶与人工是所知等，一切部分集中或混合，成为自境，作为自境而知。与意识分别不相混同，以瓶根现识考证对瓶的看法，而根现识对瓶的特点不加分析，全部都能修证，这便易知。但是，瓶根现识未区分瓶的特点——所知等，从集中或混合角度掌握瓶，而非掌握所知等。

这样，无分别心（正确心）对自境以缘体趋入，分别心对自境遮遣趋入；无分别心对自境明显趋入，分别心对自境以义共相识（抽象思维）趋入；分别心、无分别心之同义识，在自境中实际趋入其境，非同义在自境中非实际趋入其境，此识掌握其境，是此识趋入其境。名言共相与义共相是趋入自境，例如，“声无常”的真实含义是，其了悟声无常的识的感受境，应为声无常。

第三章 不相应行

不相应行，是指既非色（物），也非识的有为法（造作之物）。其事相是，如瓶的生、住、坏、灭，或人、时、年、月、东方等。那么，它既不是色，也不是识，应该是什么呢？应该是生自因缘的有为法。释义：瓶之生为有法，之所以称为不相应行，是有道理的，因为它是没有心理活动的行蕴（使心与客观世界发生作用），故名。要说它的明确含义，例如，它是在印象中出现前所未有的瓶生（瓶形成）之那个部分，而不是瓶生瓶，只是印象而已。因印象而成，瓶之生非瓶故，既非色，也非识。但是，并非仅仅在意识中出现，是在瓶之上出现，所以是物质。另外，它是从制作瓶的原料中而来，应为有为法。它非色非识，故只能是不相应行。既非受，也非识的一切心所是相应行，除此以外的行，仍然为不相应行。因为五种相应行不是相应法，所以不是识。同样，瓶无常是指瓶不住于二刹那（刹那不停地变化），而它不仅仅是在意识中只出现一下，瓶只能形成于一刹那，好像（暂时）存在，聊有意义；瓶又是由原料制成的，心中有此印象，故瓶是无常的，要坏灭的，是有为法。这样，瓶的存在是，只处在一刹那时，或不受阻碍而住；瓶之破旧，在瓶之一刹那，随后会逐渐改变；在二刹那等时，比一刹那有所变旧，此二者又属非色非识的有为法，故不相应行（不以心而运动）。瓶之生等非色。假如这些是色，那么除瓶以外无其他色，瓶色不是这些，这些又非瓶色，所以这些并不是在心中只出现一下就消失，出现瓶时，它本身不住二刹那，而住一刹那。瓶逐渐破旧，是用原料一次性制作的结果，所以瓶之反体（瓶以外的部分）等为常，以及瓶之成等不相应行。是否为有为法的区别，无论在分别心中出现与否，考查印象便知。如瓶之形成后可以滚动，可以盛水。手之功用活动自如，有树有斧，形成伐木，在被称为树是长在原地，人、水、动作合起来涉水，对境与有境结合，心所掌握的对境等的能所宾（动作、作者和直接宾词）三者之一的动作，由瓶之前后刹那形成的瓶刹那前后不断出现的瓶之时间，柱、瓶各自的特点，各因之果各个确定。前后因果经常不断之转换，享用广盛的财富，箭力与骏马快走之速度，瓶一刹那、二刹那与因果同时不生，而是前后发生之次序，具有学识之质，具备魄力之勇。太阳运行的交汇时间被称之为年，因太阳的运行带来四大季节的交替等，为此而冠命的春、夏、秋、冬，一个月亮的圆缺结束后被叫做月；因太阳的升落而称之为日夜，一昼夜结束后被称之为太阳日。色、识、不相应行三者的结合体叫做人，善、非善、无记（没有指明）之心性，种子发芽的能力等，一切物质发挥自己能量等，既非色亦非识的所有有为法，都要知为不相应行。瓶之反体、瓶是所知内涵等，常、瓶之成坏等无常的原因，瓶之反体的因反体与瓶为所知的因反体虽然都是无常，但瓶之反体等是瓶之反体部分，只是心中一闪，故常；瓶之刚刚形成，不住二刹那，不仅仅心中一闪，而形成于瓶的物质，故无常。

不相应行的事相包括时、年、人、习气，现简述之。时分最短时间的刹那和相续。最短和最小之极，就是最短时间的刹那。如把一个健康的人弹指的时间分为六十五分之一，或者把一个健康的人弹指的时间分为一百二十分之一。相续，是指自性时分之类的物质。其事相是，连接最短时间的二刹那以上的时量。它分为刹那和成事刹那（某事从开始至最后完成所经过的时间）二种。具有最短时间的一百二十刹那的时量之物，叫做刹那。一事开始至结束之间的相续之物，叫做成事刹那。它没有长短之别，像健康的人弹指一挥的时间，是一事结束的最短的刹那，有的事情开始后，有一天结束的，也有一月或一年结束的。

年，是指太阳走完南北行程，或者是十二宫运行的时量，叫做宫年。把月亮一圆一缺所需之时间，叫做月，此十二个月就是被当作太阳日的年，它不能替代宫年，称为闰月。三十个太阳日为一月，十二个月即三百六十个太阳日的时量，就是被当作太阳日的年，它同样不能替代宫年。

人，此有共与不共的几种看法。但依共同派的观点，认为四蕴或五蕴的和合就是人。人属于不相应行。瓶虽为和合性，但和合的原料都是色（物）故，和合也是色。识也是心与心所（心发现客观事物）和合，但和合之源都是识，故和合为识。人是五蕴和合之体。和合之源都有色、识和不相应行，色、识的和合，既非色也非识，是有为法，只能是不相应行。

习气，指意识认知瓶之后，识自己虽然隐没，但在心上留下回忆瓶的启迪记性的能力。意识能把记忆瓶之能力留在心上，谓之留习气。意识自己隐没后，过了许多年月，回忆起以前知晓的瓶，叫做习气醒。所以，习气不是色，就容易了解了；只是用意识所立的能力，而不是识；是有为法或物质，故应为不相应行。

任何一种习气所熏染的动力是识，而非人以外的不相应行。色不能对心带来习气，习气乃是心性本身产生的能力。例如，能启发回忆瓶之记性的习气是由识所决定的，而瓶本身不能决定。所以，造成习气的，是人或识的任何一种。识又分为现而不定识和不悟颠倒识。不悟心识也非造成习气，留下习气的是什么呢？如意识即使隐没，所留的习气仍然萌发，忆起以前的瓶之识流，虽然以后还要发生，但现而不定之思只能激发回忆自境的信心，而不能留下习气，故不认为是习气的引发者。

像寻思声常（以为声长久不灭）的颠倒识，常还是无常，大概为常的思想能留下习气，即能留下发挥各自后续种子。

在熏染习气的根基方面，众说纷纭。这里表述共同的认识法，而对色与不相应行是习气的染根说不能苟同。虽然主张以五根识而染习气，但在睡眠与昏迷时，没有根识，它们不能成为长久的习气熏染者。像贪、嗔、受、苦、乐等的若干意识心所，虽然暂时制约习气，但并无不滋生之时，故不能成为永久习气的染基。那么，永久习气的染基是什么呢？因意识流永不断灭，即使在昏迷时，细微的意识仍然存在。

什么是熏染习气的本质呢？在染根意识之上，用任何熏染法所留下的自己的后续流，以及能办成任何果别（果之差别）的能力，就是习气的本质。习气是心与人熟知自境之内涵与能够产生自果（自身，自性）之内涵。这样，习气是指熏染习气之上产生自果的能力，有能够产生禾苗的能力，有瓶之上的自己的后续流（延续之流）和产生自取量（自己掌握的量）等，虽然是不相应行和能力，但无习气之谓。

此外，在物质、能事、无常、刹那、有为法、生自因缘、因、能生、果、所生、现时等中，有色、识、不相应行，但从自反体（与各自异体相反的事物）而言，是不相应行，因为既非色亦非识的有为法故。这样声之无常、声无常、声造作等也是从声能生（能产生声音）中而来，所以是物质。既不是色，也不是识，因此可以说不相应行。

现时是物质，在当时生而不灭，就叫做现时。其事相是，如瓶、柱、过去出现的王臣、未来出现的人们。现时与物质同义。在三时（过去、现在、将来）中，虽然对过去和未来持有不同看法，但一般来说，这两个是恒常的。自己所破（用自己正当的理智排除的事物）的物质生灭之无遮（无所破除），叫做过去时。其事相是，例如麦苗，依麦苗坏灭之时，安立过去时的所破物质——麦苗生灭之无遮，是否定所破之常故，周遍成立（符合道理），正是恒常被无遮遍许。过去、否定、坏灭同义。自己所破的物质虽有生因，但不具备缘，暂时未生的无遮，叫做未来。其事相是，在苗因时，却未生苗，即青稞种子未生青稞苗之时；青稞苗未生，依何安立未来的自己所破物质——虽有生苗之种子，但温暖的气候、水分等缘不具备故，暂时未生，也属无遮。此物虽有生因，但没有生，就是未果。例如，虽有能使苗生之因，但在冬季的高原土地，不具备条件，所以在这种环境下，苗只是未来或未生，而不是未生就非未来。天空似的恒常，兔角一样的无，不是未生就非未来。又，生而不灭，就是现在；是不灭，就不一定是现在，因为恒常是不灭的。

究其根本，禾苗生而不灭，谓之禾苗现在时。其事相是，如青稞苗。禾苗灭亡后的无遮，谓之禾苗过去时。其事相是，如青稞苗灭亡。有苗生之因，而无缘故，暂时未生的无遮，谓之未来时。其事相是，如有些地方的冬天，田里不长苗。

又，禾苗过去，禾苗过去时，因苗过去，过去禾苗，都意思不一。禾苗过去，是指禾苗灭后的无遮，为常。禾苗过去时，是指禾苗已灭之时，为物。因苗过去，是指苗之因——种子等先于苗出现的物质，因苗过去，而非过去，因为是物质的现在。过去禾苗，是指本无，因为没有既是过去又是禾苗的，这毋庸置疑。如是禾苗，必是现在，因为是物质所决定的。同样，人虽有死，但无死之人。第一成理，人有死亡是肯定的。人有被杀故，国王也有被杀的。例如，拉隆·华吉多杰用箭射杀朗达玛王。同样，禾苗未来，禾苗未来时，因苗未来，未来禾苗，都意思不同。首先，在个别环境下，禾苗未生之无遮；第二，应理解为禾苗未生时的期间；第三，是禾苗之果等禾苗自时（符合自己的时间）未生之物，所以这些是物质；第四，是无，即既是未来也是禾苗的同分是没有的。毫无疑问，未生之无遮，已生之禾苗同分（未生已生是没有的）是没有的。

如果是物，就应该是已生成的，因为没有应生之物，故明年的庄稼是已生的，它在自时已生，符合道理。任何一种物质生成，应视为自时已生。人在说话之时，不认为话已完。另外，十四不相应行和二十三不相应行另文叙述。

第四章　因　　果

第一节　因

物分因果，包括因、缘、果。因，是指能生（能生起果）。具体地说，能生自果，便是因。比如，能生稼禾，就是稼禾之因。其事相是，如稼禾之前出现的稼禾因之物类。稼禾的因是，种子和人的劳作。因、果、物三者同义，亦即是等遍。因与物是等遍（两种事物之间互相平等）。如果是因，必须是物质；如果是物，必须是因。第一成理，是能生果之因故，应是物质，而无非物质之因，后者属实。常中无能生果之力，第二本因成理，所有物质没有不生自果的。例如，树木自果正理因、树木第一刹那、第二刹那、最终刹那虽然不生自己的后代，但能生自果，能生自己的物流与自果正理，所以没有若干因的物质一个也不存在。总之，不是自己劳生的自果与不是自果正理因的物质是没有的。另外，裁缝利用手艺制作衣服；涉水者到达彼岸。能生的例子不胜枚举。因果是等遍，如麦种——麦子是自已的因之果，自果正理，又是自果禾之因，所以非因非果的物质是没有的。虽然因果互不矛盾，但同体的因果是互为矛盾的。如既是瓶因，又是瓶果，没有这样的同分。在瓶因时，瓶与瓶果没有产生；在瓶时瓶因已被否定；在瓶果时，瓶已被否定。

因，又分为直接因和间接因，以及近取因和俱有缘。直接因，是指直接能生。简而言之，自己所生的果无需经过其他因，就是直接因。例如，火是自果烟的直接因，在自果烟与烟中间，没有经过其他因，而是直接生出自果烟的因。一般来说，瓶、罐的原料——泥，虽然是其直接因，但这不一定，它在成为瓶、罐的原料之前，受其他因的制约。因为既是物质，就应该是直接因，在物质之后有个再现的自果，这个自果中间无需经过其他因，此物能直接生成。

间接因，是指间接能生。简而言之，虽然是自果能生，但自己不能直接生，而生果之流，并经过此流能生自果之因，故名。例如，瓶、罐的原料——泥是自果瓶、罐的间接因，经过自果瓶、罐能生故，如是而已。它虽然能生自果瓶、罐，但不直接能生，产出自己的后流——泥料，经此能生自果瓶、罐。其他雷同。针对实际，经瓶能生，叫做瓶之间接因。如果是物质，必然是间接因。既然是物，就有随后出现的一个自果，故直接因和间接因二者不但不矛盾，而且是等遍（合理平等）。但一体的直接因与间接因是互相矛盾的，因为没有这样两种因。

例如，在瓶前出现的因，是瓶之直接因，而非间接因；在瓶前前出现的因，是瓶之间接因，而非直接因。这样，同体的直接因和间接因是不存在的。直接因和间接因是等遍，表现在于：瓶是直接因，自己之后出现的自果既是直接因，也是间接因，因为它是自己之后后出现的自果是其间接因。由此可知，识、色、不相应行等万物都是直接因和间接因。

近取因，是指主要能生自己之质流（物质之流）。具体地说，自己将近取之果，是主要能生自因质流之因。例如，机器的原料——铁，是机器的近取因，自果机器是自己质流之主要能生，亦即生产自果机器之果，机器成为物故，机器也是铁质。机器之因——工人的劳动，虽然是机器的因与增上缘（主因），但不是机器的近取因。机器虽然是用工人的劳动生产的，但非形成于工人劳动之质流，后者公允。凡工人的劳动是不相应行，机器不能成为不相应行之质。机器为有法，是近取因，即自果机器第二刹那等的近取因。凡自果机器第二刹那等产生的果，机器第二刹那等，生成机器的质流。又如，柴禾最后刹那为有法，是自果木炭的近取因，彼为彼果，木炭是柴禾的质流。识为有法，是近取因，即自己后流识的近取因。如果把近取性相形象化，纸之质流主要能生者，为纸之近取性相。这纸本因之质流主要能生因，是纸之近取。其事相是，如纸之原料——草根。同样，识之质流主要能生者，是识之近取性相。其事相是，如识第一刹那之前的能启发识的习气。其他类同。

俱有缘（同时生因），是指俱有缘非自己之质流，而是主要能生者。与主因、近取因共同所生之果，虽然不是自己的质流，但随着自果之多因聚集，便是能生之因。多因聚集的同时，能生因之自果，不是自己的质流，而是主要能生之因。例如，眼根，是眼识的俱生缘，眼根是色处；眼识的等无间缘，多因相聚的同时，能生因之自果眼识，不是眼根自己的质流，而是能生因故，眼为有法；眼识不是质，是色质，是心质，色之质流不能成为心。其事相是，如白色是眼识的俱生缘。俱生缘与物质同义。俱生缘也必定是物质，物质也必定是俱生缘。例如，前甘蔗味作为后甘蔗味之近取因，作为后甘蔗主干的俱生缘；瓶无常作为自己后流的瓶无常之近取因，作为后流瓶、瓶生、瓶住、瓶坏之俱生缘，瓶与瓶生等也作为自己后流之近取因，以及作为其他俱生缘，不相应行等的一切物质都与之相似。此外，既是物质，必是俱生缘；既是物质，必是某一识的所缘缘（能使心识形成境相）。如果是某一识的所缘缘，应该是其俱生缘。总之，近取因与俱生缘并不矛盾，但同体的近取因与俱生缘是矛盾的，因为自己所生之果，在自己的质流中是能生，不是自己的质流中也是能生的同体不可能有。例如，瓶、罐的原料——泥，是瓶、罐的近取因，而非瓶、罐的俱生缘。瓶、罐之因——人的劳作，是瓶、罐之俱生缘，而非近取因。瓶、罐之原料——泥，虽然不是瓶、罐之俱生缘，但一般来说是俱生缘，因为是自果量（本身量）的俱生缘。瓶、罐之因——人的劳作也是近取因，因为是自己后质流的近取因。禾苗之因——种子，是近取因，而禾苗之其他因——土地、墒气等则是俱生缘。

第二节　缘

物质分为因和缘两种。什么叫缘？对自己有益且存在之物，或者帮助自果生长，叫做缘。缘、因、物质同义。万物是从能生自果方面为因，从滋生自果顺缘的角度为缘。简而言之，有利于禾苗生长之物是禾苗之缘。其事相是，如禾苗的近取因是水与肥，生产禾苗的人力。

缘，又分为因缘、所缘缘、增上缘、等无间缘。

因缘，是指帮助自果生长之因。因缘与因同义。如加以比较，帮助瓶生之因，是瓶之因缘，瓶之因缘就是一切瓶之因。同样，万物都是如此。能生眼识之根与其所缘缘、等无间缘都是眼识之因缘。

所缘缘，是指主要能生识自体，亦即成为自果的自取识（自己掌握之识），就是自体和能生自取识，此识应该出现于自己之后，就是自果，因为肯定出现于己后。所缘缘、执事（有意义）和物质同义。对于物质来说，没有不能生识为境体之缘的。如果能生识为境体之缘，就应该是物质。比较而言，眼根现识主要能生青色之体，就是眼根现识的所缘缘，其事相就是青色。眼根现识之前出现的自己所缘境青色，是眼根现识之所缘缘。眼根现识是能生青色体之缘故。所谓青色体，是指眼识清晰显现青色体之本质。例如，把玻璃放在青色之上，就显为青色；放在红色之上，就显为红色状。同样，如果眼识注视青色之境，那么眼识的捕捉对象，以青色境之缘故而显为本质青色状。摄物为境的一切识各自之前出现的所缘境，是各自的所缘缘。所缘缘，也就是心之所缘，是心能生为境状的因同根。所有无分别的心（正确无误）都是这样。有说与眼识同时的青色，是眼识之所缘缘，但这是指眼识的所缘，通常又指缘，不是眼识的所缘缘。在所知中，因果同时是不可能的，故其所缘缘应为其因，但心之所缘不应为其所缘缘。一切持无为心与分别心，虽然有所缘，但没有所缘缘。

增上缘，自果自主产生之缘，叫做增上缘。其事相是，万物没有不自主能生之缘。瓶自主能生之缘，是瓶的增上缘。其事相是，瓶的近取因、瓶的俱生缘等是瓶的一切因，瓶因是从能生瓶的角度立因，瓶能生是从自主、能生缘的角度而立增上缘。其他雷同。识能摄境而自主能生缘，是识的增上缘。其事相是，如心的所依是六根与等无间缘。识的增上缘，是指自己的识能捕捉境的能力，自主地能生缘，是其增上缘。根现识为了摄境，而自主能生缘，是根现识的增上缘。其事相是，如根现识的不共（不是共同的）增上缘的眼根与其共同的增上缘的意根。由此可知，摄物的一切识之增上缘，就是名相。

等无间缘，是指主要明识之缘。简单释义，自果——识之明境本质，更加得以明晰之缘或因。其事相是，如每每识之前出现的识。譬如，主要将眼识发明之缘，是眼识的等无间缘。其事相是，如眼识的根本——意识。同样，眼识第一刹那，是眼识第二刹那的等无间缘。

第三节　果

果，是指所生（依因生果）。简单释义，某个因缘所生之物，就是果。其事相是，如碗与智慧，碗为有法（物质），是果。因为是所生，故为有法。因原料石泥与工匠劳动的所生（产物），故智慧也是所生，即闻（听）的所生。瓶的所生，是指瓶之果。其事相是，如瓶之后流与瓶之果量。其他雷同。因、果、缘、物均为一义多名。果分为直接果和间接果。直接所生者，叫做直接果。简单释义，某因在自己与自果之间，未受其他因流之影响，而直接所生之物，就是直接果。其事相是，如镜子。万物都是直接果。间接果，是指间接所生之果。其事相是，如金子。无论任何物质，自己前前（自己以前的以前）出现的本因所生故，直接果与间接果是等遍。譬如，纸的直接所生，是指纸的直接果。其事相是，如纸后出现的纸果（纸的形成）。纸间接而所生者，是纸的间接果。其事相是，如纸之后后出现的纸果（纸的连续出现）。一般来说，虽然间接果与直接果是等遍，但同体的直接果与间接果互为矛盾，因为纸之后出现的与后后出现的二者相矛盾（二者有质与时间上的差异）。

第五章　个体与总体

所知（知识）分为个体与总体、二谛、三相（遍计所执法、依他起性和圆成实性）和物反体。

第一节　个体与总体

个体与总体包括自相（各自特性）和共相（抽象）。自相，是指以自性形成的物质。其事相是，如瓶、寻思和瓶无常。自相、自相有、胜义有、真谛实有、实有、胜义能事法、物质、胜义谛、依他起性和现量之真量都是一义多名。

相，是指瓶等物质是以分别心而立（假名而立），不是心目中仅仅出现一下，而是以形貌或以相而成，所以真实所显之物质分，是自相意义。若说明自相的含义，它不是仅仅假名而立，而是以自性所成之法。瓶是有法（事物自性），谓有自相之理，不依否定所破与经过义共相等，现量中反映自身的性相法，故名。虽在寻思中否定所破而显，但在真实中显现生灭而知，在心中否定所破，而无须了知。有人把时地（物质的时间与本质）

本质不共之法视为自相，这不能苟同。若是时地本质不一之法，就不一定是自性。因为若是真实，时地本质不共之法被肯定。所以，可以说时地本质不共之物与自相同义。

所谓时地本质不共，譬如以色（物）为例，柱与瓶虽然一样（一样的物质），但瓶不等于柱，柱不等于瓶，故色的本质不一样。色虽然在东西方向有，但东面有的西面却无；西面有的，东面却无，这就是色不共境。色虽然在上午或下午都有，但上午有的，下午却无；下午有的，上午却无，这就是色不共时。同样，空间对于柱与瓶来说都是公平的，但瓶所占的空间不适宜于柱，而柱所拥有的空间瓶却没有，这就是空质不共而住，即质不共之义。空间虽然在东西方向都有，但东方有的，西方却无；西方有的，东方却无，这就是空境不共而住。空间虽然今明两天都有，但今天有的，明天却无；明天有的，今天却无，这就是空时不共。

共相，是指不以自相而有，只以识而假立之法。其事相是，如瓶之反体、空和所知。共相、世俗谛、常、无为法、世有、假有、实则不能作为法、差别假立都是一义多名。常为有法，说共相是有原因的，不依否定自己所破与义共相等，心中不会产生印象；取有赖于经过否定自己所破与义共相，心中才能有所记忆，故谓之共相。所量包括个体与总体，即能生自果与不能生自果。因自性有故，非记在脑中，而是只显于分别识；因自性有故，成为明显自己的现量执境；仅从能言之增上缘，心中产生整个本质之所量，以及除此之外，心中不能产生整个本质之所量。在本质上虽无某境，但一遇言语、劳作和作意等因，就有了自觉之识。虽然有了言语等，但在本质上无某境，就不产生自觉识之所量。若详细说明，空等无为法没有生果之能力，瓶等有为法有生果之能力；像空决定不即（不触及），仅仅心中一现而立，不是现量树立以自己不共而明显之识，因为不是现量的实境。依靠"空"之名称，出现不即之分，除此以外，别无其他空性分。因此，应说空依名称而只现心中。像瓶有为法依名称只现心中，再无任何其他分，不能这样说。因为瓶只靠名称而不能完全反映其性质，有与依名称而现心中不一样的完全反映瓶质的情况。无分别显而易见的瓶的圆满性质在心中是不能产生的，因此，共相的事相比较多，如瓶之反体、瓶为造作、瓶是物质、瓶无常、瓶为色、瓶为因、瓶为果、瓶为自果量之能生、瓶为瓶、瓶非瓶非（仍为瓶）、瓶为共、瓶为金瓶之共、瓶为分支、瓶为所知之分支、瓶瓶一致、瓶瓶非异、瓶瓶之反体、瓶非柱、瓶非识、瓶与所知本质同分等，瓶之上的无数反体，空非无为法等万物反映心识中之一切反体，都是共相与常。共相与常应该这样理解，如瓶之反体，是指非与瓶不一样，即瓶之反体除瓶之外别无其他可立，鼓腹也非，金瓶也非。所以，瓶是瓶之反体，而瓶之反体非瓶之反体，因为瓶之反体与瓶有异，故瓶之反体不但不是瓶之反体，而且不是瓶，亦非物质。瓶是瓶之反体仅在意识中一显而有的，这瓶之反体只有在识别瓶之反体的意识中出现，而非以自相而有。瓶之反体为有法，只是出现在识别瓶之反体的意识中，并非像自己识别那样而有。在识别瓶之反体的意识中，瓶之反体在瓶的基础上成为瓶实有一样而形成实有，非显现而有，即瓶之反体在瓶之上非以不同质而有。若瓶之反体能与瓶非一而有，瓶虽明显出现，但瓶明显中没有与瓶非一而有的瓶之反体，故瓶之反体不依心识而有，只是以识假立或以心而立。瓶之反体，不是从瓶之反体本身而有，不用说产生于心识，故非以自相而有。何谓本身而有？如瓶产生于心识而决定有，无论心识中反映与否，瓶的本质在境上决定有，所以从自身而有。瓶之反体，依靠具有实际意义的瓶产生于心识而决定有，如不产生于心识，在纯粹的无分别识中自然不能产生，只是以心假立。因此，瓶之反体仅仅反映在心识中，而无实有。无生果之能，无生灭等，是为常。

如果说，一切常只是在寻思中现有，那么兔子也有角。就产生于寻思而言，是有所不同的，在认为兔有角意识中，只出现兔角的义共相，义共相显为兔角，此印象与事实不符，因为兔是无角的。瓶之反体寻思中，出现瓶之反体的义共相，义共相显现为实际意义上的瓶之反体，显现的部分与实际瓶的情况相同，仅产生于寻思的实际意义上的瓶之反体是存在的，依产生于寻思的实质瓶与瓶相向而住。这样，对于物之自反体应该立为物，即从物的对立面反转，非物不立。物之义反体应视为能事，能事是物之含义或相。物之因反体应包括色、识、不相应行，它们各自都是物之事相。应知三个反体各不相同。因此，瓶、非瓶非、瓶是物质等为常，与物、色、识等万物类同。

总之，反体与破除同义。例如，声无常，是指从否定声常的反体而说的，从否定所破着手的这个法，就叫做反体。

第二节　二　　谛

所知（知识）分为二谛：胜义谛和世俗谛。胜义谛，是指不是仅仅以分别心假立，而是自己形成的法。胜义谛、谛实有、物同义。其事相是，如色、识、人。又如，天空只是没有阻隔的虚空分，非因产生于分别心而有，好像非以自性而有的分别心非假立，从自境实有（早已存在）之法，叫做胜义谛。或者以现量确立真实义，谓之胜义谛，其真实义无所不包胜义谛，胜义谛也无所不包真实义。简而言之，物质和每每认识物质的分别心为有法，叫做胜义谛。何为胜义？是指心识胜义，无错的现量。自性谛实，就是胜义谛。无错识的因明现境而有，谓之胜义有。现量为有法，谓“心识胜义”有其原因，是决定自境无错识，故名。

世俗谛，仅以寻思假名之法，叫做世俗谛。世俗谛、常、共相同义。“仅以寻思假名之法”中的“仅”，是否定谛实有。“法”，是指诸如兔角，虽仅以寻思假名，但不是法，因为它们不是世俗谛。简而言之,天空等常为有法，之所以称为世俗谛，把世俗作为寻思与能诠声，只在其中显谛，谓之世俗谛。虽然寻思是胜义谛，但对世俗谛中的世俗可立为寻思。其原因是，在寻思中自境之常非以自相而有，但却似自相而有，其状为假象，谓之世俗，因以假名而立。常等只在寻思中显谛，故是世俗谛，而非真谛，因为它是假的，只在寻思中出现或只言说而已，自相未有。胜义谛是印象真实或在寻思中自相而有，依现境而自相有，是现境与情况相同之法。世俗谛真实不现，虽在寻思中自相而有，但是现境与情况不同之法。

名言成就、名言谛和世俗谛同义。名言仅以音识而成就，所以叫做名言成就或名言谛。名言包括说话名言和寻思名言。是世俗谛，亦非世俗谛，所知虽是世俗谛，但所知并非世俗谛，因为所知包括二谛。

第三节　三　　相

所知包括三相，即遍计所执法、依他起相和圆成实相。以寻思假名而立的不是法性，叫做遍计（虚妄执著）。其事相是，如瓶之反体、瓶瓶一致、空、所知、兔角。遍计与相无实性同义。此又分为相成就遍计所执和差别遍计所执。相成就遍计所执与无因遍计所执同义。其事相是，如瓶常、兔角、声常。差别遍计所执与有因遍计所执同义。其事相是，如空，瓶是物分、瓶同。

依他起因，是指不自主产生，而是靠其他因缘而生。其事相是，如瓶不能自己产生，而是靠近取因（泥料与人工）或俱有缘，即依他因而生。依他起性、生无实性和物质同义。

圆成实相，是指一决自己所破的最终道理。其事相是，如独立人（单个的人）的实有空（实际空），独立瓶的实有空，独立天空的实有空，万法贯通。圆成实相、法性、空性同义。它分为人无我性和法无我性。人无我性，是指独立人的实有空。法无我性，是指非人为的万法自空。例如，独立色的实有空，是说色上无我（物质空性）或色上空性，色是非人法故，其圆成实相为法无我性。所谓“独立的实有空”，譬如，瓶离开瓶颈、瓶底、瓶身等部分，而独立存在的话，那么，独立的实有空是有的。否则，它要依靠自己的命名处或部分——颈、底、身等而存在。换言之，不依靠这些部分的瓶是无法找到的，所以独立的瓶无实有。独立的瓶无实有，是瓶的永远情势、道理、空性、圆成实相。同样，柱子也是靠自己的头尾、棱角等而得名，不依此的柱子别无他寻。所以独立的瓶实有空。人也是靠自己命名处的五蕴假名而立，如果取掉五蕴，人就无所存在。所以独立的人实有空，是人之本质或最终道理。万法也是如此。

第四节　实法与反法

所知包括实法与反法。实法，指不是仅以寻思假名而立，而是从自境而有（客观存在的）的确以能事（确能起作用的）的物质。实法、实有、能事实有和物质同义。其事相是，如色、眼识、瓶无常。这些并非仅仅出现在寻思中，而是本身就有，是确以能事之法。凡正思形成于现量之境（真实心识之境），能事自果故，色为有法，有谓实法之因，它既是物，又是法的同分，故名。无常为有法，有谓实有之因，它并非仅以寻思假名而立，而是自性实有，故名。它实际分为色、识和不相应行，前已述及。只以言语分四：证成道理实有、永恒不变实有、能事实有、独立实有。“只以言语”，是指只能用话区分一二，而非指实际区别。上述四者之第一包括是非实有，第二非实有，第三、第四是实有。证成道理实有与有同义。以正理证成，以正思证有，叫做证成道理实有。永恒不变实有与常久同义。因为常久是指牢固不变，是不坏法有（永远不变），所以叫做永恒不变实有。能事实有与物质同义。物质是能够产生自果的法，所以叫做能事实有。独立实有，是指自己以量决定，无需依靠非自性的它法量决而住。其事相是，如色、受、识。

反法，是指反确定自己所破（否定之否定），只以心中显现的寻思假名而立之法。反法、假有、常、共相同义。其事相是，如反非瓶、虚空、所知。第一反确定非瓶，第二反确定有碍触，第三反确定一切常自性实有，是以寻思假名而立之法。是所知，并非一定是常，但所知是常，因为它在心中一旦成为所知之时，需要加以认识。一般来说，物质是实有，常是假有，因为物质并非以寻思假名而立（不以人的意志而存在或消亡），从自境实有（本来就真实存在）；常是仅以寻思假名而立之法（仅凭人的主观意志而安立）。

第六章　性相与名相

所知分为性相、名相和非性相、非名相。

第一节　性　　相

性相（事物的性能、本质），是指实有法。具备完全安立三法、具备实有法、完全安立之因和性相同义。凡是性相，形成于自己事相之上，除自己的名相外别无其他性相，这三者就能确定实有三法。事相是存在的，如可以在心境思量，故心境思量为有法。是性相，就是所知之性相，所以是实有法。实，是性相，是所知之性相；存在，在自己的事相之上存在，自己的事相是在物质之上存在。法，除自己的名相之外，别无其他性相；除自己的名相为所知外，再无其他性相。所知事相的性相是存在的，是以心境思量能表所知之根，物为有法，是所知的事相；是以心境思量能表所知之根，物为有法，是以心境思量能表所知之根（这段重复语原文如此）。量定（思量确定）可在心境思考，人不量定是所知，因为是能表所知之根。同样，物相的性相是存在的，因为具备物质的实有法。物相的性相之性相是存在的，因为具备物相的实有法。物质的事相之性相是存在的，因为能做事,故能表物质之事相。事相是存在的，是声故，声为有法，因为它能事，故能表物质之事相。量定能做事，量定物质的人是所表物质之事相。因此，对其他性相和名相的事相也可适用。循环往复的是，具备实有法，性相之性相，具备性相之实有法，性相之性相之性相。这样，具备物的实有法是物之性相之性相。其事相是，能事，能事有法，是物相之事相；具备物之实有法，是能表物相之事相。另外，具备物相之实有法，是物相之性相之性相。其事相是，具备物之实有法，物之实有法为有法。之所以称物相之性相之事相，是因为具备物相之实有法，是能表物相之性相之事相，当是如此。确定具备物相之实有法，而对物相之性相未加确定的人，是能表物相之性相之事相。性相、名相和事相的区别是，以物为例，它能做事，是性相；同时物是名相，如瓶是事相。若是物相，就必然是性相，因为对于物相，只能定格为能事而已。既是性相，又是物相。但是，物相并非等于性相，因为它是名相，仅此而已。若有性相，就具备物之实有法。这样，性相不是性相自己，即性相非性相，性相是名相，故性相为有法，它是名相，有性相之性相。凡因具备三有法，诸如识之性相不是识之性相等，触类旁同。

第二节 名 相

何谓名相？具备假有三法，叫做名相。具备安立实有三法、具备假有三法、安立果和名相同义。假有三法是指一般为名相、在自己事相之上有、除自己的性相外，别无其他名相。因此，事相如所知、物质等。所知是在心境中思量的名相，因为物质是能事的名相。具备能事的假有法，叫做能事名相。其事相是，因其物之故，当确立能事的假有三法之时，一般为名相，在自己的事相之上有，除能事之外，再无其他名相可立。声为有法，因具备假有三法，一般为名相，在自己的事相之上有，除自相外，别无其他名相可言。第一可立，因是耳识所闻（用耳朵可以听的）之名相；第二可立，因自己的事相在螺声之上有；第三可立，因自相除耳识所闻之外，无其他名相，故性相虽非自己，但名相就是自己，即名相是名相。因成立，有其名相的性相；其有性相，必是名相，那么具备名相的实有法，是名相之性相之性相。不具备名相的假有三法，因为没有名相之名相，仅此而已。名相不是性相，故名相是名相，具有实有法的假有三法，是实有法的名相之性相。其事相是其性相，故性相是具有实有法的名相。因此，实有法是其性相。是性相，即具备假有三法，即是名相的性相；其具备假有三法之假有三法，定是其具备假有三法的名相之性相；其具备假有三法之假有三法之假有三法，定是其具备假有三法的假有三法名相之性相。其他类同，可以推知。

第三节　既非性相，又非名相

非性相，是指不具有实有法。是无我，表明不具有性相之实有法，肯定不是性相。其事相是，如瓶、柱（本身空性）。瓶为有法，不具备实有三法，虽然其间具备自己安立事相之上，但第二与第三不具备，仅此而已。不是性相，就是名相，除自己的名相外，别无其他性相可立，因为没有自己的名相。是名相，如柱与瓶二者为有法，因为不具备实有三法。不是性相，就是说既非性相，亦非名相，故不安立在自己事相之上。没有事相，也就没有名相。既是柱，也是瓶，这是不可能的。除了自己的名相外，也不是没有其他性相，因为没有自己的名相。非性相为有法，其是名相，其有性相，因为不具备实有三法。有非性相之性相，因其具备非性相之实有三法。其事相是，因其不具备实有三法。譬如，不具备物之实有三法，为非物之性相之性相。其事相是，如柱子，虽具备实有三法之中间，但不具备始终。虽是在心境思想之性相，但所知的性相不是性相，因为不是名相，而是具备所知的实有三法之名相。

所谓非名相，是指不具备假有三法。其事相是，如柱与瓶。既是无我，不具备假有三法，所以，肯定不是名相。并非不是名相，非名相就是名相，故非名相为有法。其为名相，其有性相，有性相，定有名相。不具备假有三法为有法，其是性相，具备实有三法故，仅此而已。既是性相，就是非名相的性相，是在自己事相之上有，自己的事相在心中可以思量，是在能事、一念顷之上有故，除自己的名相外，没有其他的名相可立，即自己的名相，除非名相别无名相。于是，不具备假有三法，而具备实有三法。不具备能事的假有三法，是能事的非名相之性相，其事相是，如所知、无常、色、柱等，总之是物与千差万别之法。不具备假有三法之具备假有三法，是不具备假有三法的名相之性相，其事相是，不是名相。同样，不具备假有三法之具备假有三法，是不具备实有三法的名相之性相，其事相是，不是性相。同样，不是能事，是非物之性相，其事相是，如无为（不可造作）之天空。非所听者，不是声之性相，其事相是，如色之处（物之处所）。由此可触类旁同。具备实有三法为具备实有三法，具备实有三法是性相之具备实有三法；即使不具备实有三法，也是具备实有三法，因为是非性相的具备实有三法。非性相之性相故，具备假有三法为具备实有三法，因具备名相之实有三法，即使不具备假有三法，实有三法是具备的。具备非名相之实有三法，名相为名相，非名相也是名相，有非名相之性相故，是性相，肯定是名相之名相。但反过来说，性相绝非等于名相之名相，例如，能事的名相，不是能事的名相。同样，是名相，肯定性相非性相。例如，所知之性相非性相，亦即所知之性相是名相。所知的性相之性相是存在的，具备所知之实有三法故。是名相，肯定不是其性相之性相。例如，所知的性相不是识的性相。性相是名相，非性相也是名相，性相之性相是名相，非性相之性相也是名相，名相之性相是名相，非名相之性相也是名相，有其性相故。具备实有三法是性相，不具备实有三法也是性相；具备假有三法是性相，不具备假有三法也是性相；能事是性相，不能事也是性相；所知的性相非性相，而是名相；虽然所知的性相不是所知的性相，但所知的性相必然是性相；既然是所知的性相，肯定是所知的性相；虽然在心境中可思量的名相是名相，但在心境中可思量的名相，不是心境中可思量的名相；既然是心境中可思量的名相，必然是心境中可思量的名相；具备实有三法是具备实有三法，不具备实有三法，也是具备实有三法等，应思自反（自己的反体）。

第七章　一般和个别

第一节　一　　般

一般，是指与自体相符之法（自身相符）。其事相是，如所知、物质。所知为有法，是一般，因为个别处在其中故。因有物、常、色、识、不相应行等，所以所知就属一般。自体（自明），是指符合自己一般物体之法，因符合自体或一般物相，故存在于其中。所知为有法，因处在其中，彼就是此。因此，物质、常、色都是所知，所知应在其中。处在其中故，叫做符合其法。物质也是一般，因为符合色等法故。色、识、柱、瓶都是自己的一般或个别，因为这些是物质，是符合这些物质之法。同样，识也是一般，因为符合自己的眼识等法故。对一般可用语言分为三种：类总、聚总、义总。类总，是指自类相同之法。类总与一般同义，因为符合自体之法与自类相同之法同义。聚总，是指部分自类相聚之粗色（粗微尘）。其事相是，如瓶就是如此。聚总与粗色同义。瓶是由几部分——底部、腹部、颈部、瓶嘴等组成，所以叫做聚总。义总，是指仅在分别识中形成的虚假之分。瓶之义总，是指在分别心中不与瓶一致，但却认为似乎一致的虚构之分。这样的虚构之分，以瓶之义在心目中出现其大概轮廓，故名义总。有无统统相同。类总与聚总有着是非四项判断：所知是类总，不是聚总；柱、瓶是聚总，而非类总；色既是类总，也是聚总；物之反体既非类总，也非聚总。

第二节　个　　别

个别，是指有使能遍（概括）之自类法。其事相是，如物质、常、柱、瓶。以物质为例，是有能遍的自类法，即所知是物质自己能遍的物质自类，故所知是物质的能遍（知识能概括或反映物质），而物质是所知所遍（内涵）。物质是所知，故所知涵盖物质。因此，物质自己能遍的物质自类有其所知。什么是物质的一般性？是指同物质相符之法。其事相是，如所知、心境中思量、名相。什么是物质的个别性？是指自己能遍的自类物质存在之法。其事相是，如色、识、不相应行、柱、瓶、柱瓶。所知的个别性是，其为所知，与所知一致，不是另类，而是有所知的几个同分故。其事相是，如物质。物是所知的个别，物为所知，物质与所知一致。不是物质，而是有所知的几个同分故。第一因立，即物为有法，肯定是所知。因其能在心境思量。第二因立，物为有法，其与所知一致，又其与所知一致而异。没有所知，就应没有物质。第三因立，物为有法，有非物而所知的几种同分。瓶空也是空，房空也是空，无为的空也是空故。同样，物的个别性是，其为物质，与物质一致，有彼非而物质的几种同分故。其事相是，如瓶。瓶为有法，其是物质，其能事故。瓶为有法，其与物质一致，又与物质一致而异，没有物质，也就没有瓶。第一因立，瓶与物质一致，即瓶有物质自性，故为物质。瓶与物质不一，因与物质分属各个法。第二因立，没有物质瓶也应无；没有物质，也就没有色、识、不相应行。第三根本因立，有非瓶而物质的几种同分，即柱也是柱，识也是识，人也是人。

第三节　详述以上二义

若是一般，不一定是个别。所知是一般，其中有个别。物质与常等是所知的个别，前已经述及。所知不是个别，其中无一般。所知为有法，其中无一般。没有其非故，仅此而已。没有非所知之法（没有不是知识之理）故，如是个别，不一定是一般。既是性相，又是名相；既是常，又是物；既是柱，又是瓶等，这些不可能的所知虽然是个别，但非一般。柱与瓶二者为有法，是为个别，是所知的个别。柱与瓶为有法，其为所知的个别，是为所知，其与所知一致。不是柱瓶而是所知的几种同分有故，诸因易立。柱瓶为有法，不是一般，没有其个别。因没有其是故，柱瓶为有法，其是确无。其为非是的所知故，能事与物质二者是性相和名相，故是则皆是。既然能事，必是物质；既然是物质，必然能事。但是，物质的一般，并不一定是能事的一般，即名相虽然是物质的一般，但不是能事的一般。故名相为有法，不是能事的一般，能事非其个别。故能事为有法，不是名相的个别，其非名相。这样，性相虽然是能事的一般，但不是物质的一般。物质不是性相，故是一般的一般，有个别的个别的同分。彼即是常，故常为有法，是一般的一般。一般为其个别，一般为有法，是常的个别。一般是常，与常一致，不是一般而常的几种同分有故。第一因立，一般是常，一般与常的同分有故。如有一般与常的同分，一般肯定是常。第二因立，一般与常一致而异，因为无常，一般也应无，即没有常，可想入非非。第三因立，非一般而常的几种同分有故，瓶之反体和柱之反体等都为彼。常不仅是一般的一般，而且是个别的个别。个别变化个别的三因存在。常为个别，常与个别一致，非常而个别的几种同分有故。有人言，无论三个一般中的哪个，肯定是一般。那么，金瓶与铜瓶为有法，肯定是一般，是任何一般中的一个。不符因理，不敢苟同，金瓶与铜瓶为粗色故，只是聚总，而非一般，因其无个别。其无是处，若是义共相，不一定是一般，即瓶之义共相与柱之义共相。虽是义共相，但非一般，因其无个别，故互相矛盾。是义共相，不定不是一般。心识中出现真瓶，是义共相，即瓶之义共相，因是一般，其有个别故。是金瓶，心识中出现真瓶的个别，即成为有其个别的三因故。金瓶与心识中出现真瓶的个别一致。非金瓶而心识中出现真瓶的几种同分有故，第一、二因易立。第三因立，铜瓶、罐子也是一样。

既是物之一般，又是物之个别的同分是没有的。但既是物质，是其一般，又是其个别的同分并非没有：可能的物是物质，既是可能的物之一般，又是个别的同分存在，因是已形成的物质，它是可能的物之一般，即可能的那个物质，是其个别故。有成为个别的三因，即已成为可能物质之物质，与已成为可能物质的物质一致。不是可能的物质而已成为物质的几种同分有故。第一因立，不是破除某物。第二因立，其与已成的物一致而异。若无已成之物，其也应无。第三因立，有其非而已成物的几种同分，柱瓶二者合而为一，色心二者合而为一。已成之物，也是可能之物的个别，即已成之物是可能之物。已成之物与可能之物一致，有非已成之物而是可能之物的几种同分故，第一、二因立。第三因立，瓶无常与声无常就是例证。

如果是有，并非一定是三个一般中的一个，即常与物，非三个一般中的任何一个，即非类总、非聚总、非义总。若是色，非一定是聚总，因为粒子的边缘不是聚总，聚集几个成分之色非粗故。若是一般，不一定有若干个别，即与物一致，与无我一致，与所知一致。虽然三者均为一般，但无若干个别，因其个别只有物质，而无其他可立，故与物一致，与无我一致，与所知一致，三者均与物质一致，故易知与三者之一一致。有若干非物质而三者之一，即无我便是，所知也便是，故所知非其个别。第三因不立，非所知而其三者之一无。所知非无故，无我类同。

既是常的一般，又是常的个别是没有的，但还是应该视为常的个别，即常。其与常一致，非其而常的几个同分有故。那么此常，应视为非常之一般与个别。非同时常之一般与个别，是指常之个别之个别。非同时常之一般与个别，是指常之个别，其与常之个别一致。其非而常之个别的几种同分有故，第一、二因立。第三因立，一般便是一般，个别便是个别。一般，非非同时常之一般与个别，就是同时常之一般与个别。常是一般的个别，故一般是常的一般，一般也是常的个别，一般是常成为个别的三因有故。又，常的一般非同时常的一般与个别的个别。常的个别，非同时常的一般与个别，其与非同时常的一般与个别一致。其非而同时常之一般与个别的几种同分有故，第一因立，常之个别，是同时常之一般与个别。非同时常之一般与个别故，其非常之一般，常非其个别故，常非常的个别之个别。其个别之第一因不立故，常非常之个别，常为有法，其非其个别，其存在故。

有人说：“不是同时物之一般与个别的一般与个别的同分存在。”肯定不存在。如存在，肯定非同时物之一般与个别；如不存在，肯定如此。同时物之一般与个别的同分无，肯定这样。如物之一般，肯定不是物之个别故。

第八章　相违与相符

所知分为违与逆，包括违、符、边。

第一节　相　　违

违包括性相与区别。违，是指个别与不可同分（不同的两种事物不能存在于一处）之法，其事相是，如常与物，色与识，柱与瓶，瓶与瓶嘴，瓶是瓶分，瓶是所知分，常与非常，冷与热，暗与亮。违与互绝相违同义。违的含义是，无论何法，二者各异，不可同分（不可同处）——二者不可能合二为一。例如，柱、瓶二者互有区别，瓶有异于柱，柱有异于瓶。凡此亦然。瓶是独立于柱之外的法（物），柱是独立于瓶之外的法，故柱、瓶二者不可同分，因为既是柱，也是瓶的（物）不存在。所以，柱、瓶二者是相违。性相之外，言互相各异，否定兔角与瓶相违，即使二者不可同分，但非互相各异，因为兔角非与瓶各异（因为兔角是不存在的，所以谈不上与瓶有区别），仅此而已。不是瓶与类法（各个不同之物），亦即非法故。性相之外，言不可同分，指否定诸如物与瓶相违，纵然二者互相各异，但并非不可同分，因为既是物，也是瓶的同分有故。金瓶便是，"否定"一词有时虽然指思量，但这里是区别之义。有违所知之性相，即与所知各异者，也是所知的不可同分故，触类旁同。有不违的性相，是指无异与有任何同分故。其事相是，如物质、无常与所知二者。其一物质为有法，因不相违，无异与有任何同分故，仅此而已。因为无异故，无常与所知二者为有法，因不相违，其有同分故。瓶便是，法（物）无论是一个或者二个，如有其是，应该不违。违从反面区分，有不并存相违和互绝相违。

不并存相违，是指能力相同而不经常为伍的物质。其事相是，如光明与黑暗。此又分为不并存相违的直接相违和不并存相违的间接相违。直接关系所损（将要违逆）能损（正在违逆），不能经常同力为伍的物质，就是不并存相违的直接相违。其事相是，如热触和冷触。间接关系所损能损，不能经常同力为伍的物质，是不并存相违的间接相违。其事相是，如浓烟(烈火)、寒流。浓烟与寒流二者为有法，其有不并存相违的间接相违之原因，因为哪儿有浓烟，哪儿就应该有火（大火），火直接敌寒，火焰间接通过寒而施威，故名。不并存相违的间接相违与不并存相违的量识相违同义。

互绝相违，是指互相一致（一方一致）而否定另一法

(方)。其事相是，如柱与瓶、光与暗、有为与无为、黑与白、常与物质(这些为矛盾的统一体)。互绝相违与矛盾同义。因为矛盾的分支是另一面，亦即摒弃另一面或否定另一面，能够区分的缘故，称为互绝相违。例如，是瓶，就弃柱或否定柱；是柱，就弃瓶或否定瓶。此又分为：互绝相违的直接相违和互绝相违的间接相违。前者，是指彻底否定互相一致（否定一方），知为另一面的真正矛盾（肯定另一方）。互绝相违的直接相违、真正互绝相违和直接相违同义。其事相是，如常与无常、一与异、瓶与非瓶。如以心否定或不认识一方面，则表明肯定或认识另一方面，是其义也。例如，此心否定天空无常或知为不是，此心言下可知为常。所以，这些就是互绝相违的直接相违。柱与瓶不是互绝相违的直接相违，因为不是柱，瓶也不应是；不是瓶，柱也不应是。另外，在知不是柱之余，没有知是瓶的习惯。后者，是指凡不可能与此法同分而相违者，此法不是反确定，是互绝相违的间接相违。互绝相违的间接相违、互绝相违的量识相违和间接相违同义。其事相是，如造作（物）与常。造作与常为有法，有被称为互绝相违的间接相违之缘由。例如，了解声为造作的这个心，彻底否定声为常。凡是造作的都无常，因为常与无常直接相违，故名。

第二节　相　　符

相符，是指某异样物质发生变化，必然走向相符（统一）。其事相是，如烟火、瓶与物、瓶与瓶腹。所谓相符，是说在二个不一样的法中，如某一个发生异变，另一个必变；肯定所变能变，为存在之法，是相符的意义。烟火二者为有法，是为相符，从异中异反，必然趋符。从二个不同的法中，其中的火异变（熄），另一个烟定反（灭）。必定是所变能变故，火变烟必变，因为有烟必有火。瓶与物是有法，是为相符，因从异中异反，必然趋符。二者都有异，有异的其中之一发生异变，另一个则必然是发生异变之法。物反，瓶也随着反（物质变异，瓶也随着变化），因为没有不成为物性或物之自性的瓶。是的，它应该为物质之自性，没有物质，也就没有它，因为失去了存在的基础。例如，没有金子，就不会有金质瓶。人的手指活动与手指二者为有法，是有联系的，因从异中异反，另一则相反。二者无论有何异，如无手指，手指活动定反（无），因为手指活动是手指的自性，除手指外无其他物。与此法有联系的性相，与此法一致而有异，此法之果任具一种，没有此法，也就无果。因此，物为有法，与所知联系在一起，与所知一致而有异，所知之果任具其一，没有所知，也就无果。第一因立，与所知一致而有异，任何所知之果，与所知一致而有异故。第二因立，没有所知，也就应无物质；没有所知，也就应无万法。烟为有法，因与火有联系，与火一致而有异；任何火果都一样，没有火，也就应无烟。第一因立，烟与火一致而有异，任何火果都一样，因火之果故。第二因立，因没有火，也就应无烟。

第二，同体相符和彼生相符。同体相符，性质非异的异中异反，必然趋反。其事相是，如瓶与瓶腹，瓶与所知，瓶与瓶之反体，瓶与瓶一致，瓶的作用与瓶。瓶的作用是，盛水等分，为不相应行。其性相的解释是，无论何法，性质非异；性质虽一，但非一而反，即为有异；二者本体一致故，若异中异反，其一必反的成分，为同体相符之缘由。瓶与瓶之反体为有法，是同体相符，二者性质非异，或自性一致而有异。因自性一致故，若否定瓶之反体，瓶又必反故。瓶是瓶反体的自性，是瓶反体的本质。同样，瓶与瓶一致等，也是同一性质的联系。另外，瓶与瓶无常，瓶与瓶色，瓶与瓶非性相，瓶与瓶名相等；瓶与所知，瓶与色，瓶与有为法二者等，应知与瓶的性质一样的万法，如瓶应知类推他法。

若详述性质不一的情况，在瓶与所知中，瓶本身就是所知，瓶的性质由所知而立（确定），没有除所知外的瓶，故二者性质一样。这样，就像物质、有为法、有、色、无常等性质一样，瓶跟它们也相同。瓶与瓶之反体，瓶是瓶本身之分，这个分叫做瓶之反体。所以，瓶成为瓶之反体的性质，就是说瓶是瓶之反体的性质，二者同性。同样，与瓶一致，与瓶不异等相同。在瓶与瓶腹二者中，仅以瓶腹不成其完整的瓶，但瓶腹、瓶嘴、瓶底能形成全瓶。所以，瓶之性质是，瓶腹、瓶底，以及微小粒子。瓶与这些性质相同。像所知与有、是，为二者互相一致的同性；虽然瓶与瓶之反体互不一致，但从另一方面是互相一致的同性，瓶与瓶腹是互不一致的同一性质。另外，有与彼法同体相符的性相，与彼法同体相符而异，没有彼法，也就应无同体相符。其事相是，如有法与无常二者，所知与所量（以正思所认识的）二者。有彼法所遍（内涵）的性相，性相与法不一，彼法被否定，性相也应被否定。例如，瓶是物之所遍。有彼法能遍的性相，即与彼法有异，性相被否定，彼法也应被否定。例如，物是瓶之能遍（概括众多部分概念）。有与彼法等遍（外延）之性相，即与彼法有异，否定性相，也应否定彼法；否定彼法，也应否定性相。例如，物与有法二者是等遍。

前事（曾经出现之事物）相符，是指质异（不同物质）变异，必定变异。其事相是，如火与烟二者。火与烟为有法，是前事相符，这二者为质异（不同），是因火反（火变），烟必反（烟必变）之法。因反，果必反，这二者是能生所生之因果。有彼法与前事相符的性相，即与彼法相符的，与彼法性质不一。其事相是，如火与烟二者。

第三节　边

若没有常和无常，也就应无边，如言其确立与无常同体相符，常为有法，当为如此。因此，不能苟同，常与无常不是自性一致而异，常与无常不是自性一致，即与无常性质不同，是无常的反面。有人言，与彼法自性一致而异，确立与此法同体相符，所知为有法，与瓶同体相符。与瓶自性一致而异故，不立，所知为有法，与瓶自性一致而异。凡与瓶自性一致者，与其有异故，不立，所知为有法，与瓶自性一致。瓶是其个体故，第二不立，所知为有法，其与瓶有异。其与瓶互相有异，不立，其为有法。是瓶之整体故，如觉根本，所知为有法，与瓶同体相符。若无瓶，也应无其（另一）故，不立，瓶之破分（所破之基础）为有法（根据），定无所知。因无瓶故，不能同意（不确立）。如同意，瓶之破分为有法，定有所知。非瓶之其他法有故，又有人言，烟与火有关，是相符。不能苟同，烟与火有关不是因果，所以不是前事相符，非异，也非同体相符。这样，相符、前事相符、同体相符各自不同。在前事相符中，像火与烟需要一个因果；在同体相符中，需要像物与所知之差别。同样，所诠（叙述的内容）能诠（语句）之关系与业果之关系，都非相符，因为二者什么都不是，可立，在相符中二者其一可立。同体相符之关系与同体相符同义，自性不一之关系与前事相符同义。

若物质相符，物质相符并非相符，因物质相符，即使是物质相符，但物质相符并非相符。第一因支有，因物质相符，是物质同体相符。物质相符，从物质自性一致而异。如无物质，也应无物质相符。第二因支有，物质相符为有法，物质相符并非相符。彼彼非相符，可立。如无我，肯定彼彼非相符。

若物质相违，物质相违并非相违，即与所知相同的反体，虽是物质相违，但物质相违并非相违。若相违物质相违，物质相违肯定也不立。如柱之反体，虽是相违物质相违，但非物质相违。若不相违物质不相违，并非物质不相违。与有一致，是不相违物质不相违，物质相违故。有人说，若不相违物质相违，相违与常可立，非造作为有法。因此，若不立，彼为有法，必是不相违物质相违。既是物质，又是相违的同分有故。性相名相属于此类，如认为是根本，非造作为有法，非相违常。不相违常故，若不立，彼为有法，是不相违常，其与常的同分有故。

若其为彼法所遍，其与彼法相符不立，物性与物质虽不相符，但为物质之所遍，物质被否定，彼也被否定，因为其被否定故。既是互绝相违，也是所违能违的直接相违的同分，但不一定是互绝相违的直接相违，如光亮与黑暗。既是互绝相违，又是所违能违之直接相违的同分，但非互绝相违的直接相违，不是从否认或肯定角度全面相违故。若是不并存相违，不并存相违的直接相违不立，例如，烈烟与寒流虽是不并存相违，但非不并存相违的直接相违，而是不并存相违的间接相违。若是不并存相违的直接相违，不可能并存不立，如热触（热感）与冷触（冷感），虽是不并存相违的直接相违，但有并存故。热触与冷触相遇，尽管热触抵消冷触怎样迅速，但需要三刹那的时间。热冷在第一刹那相遇，在第二刹那冷触变弱，在第三刹那冷触消亡。

第九章　否定与肯定

第一节　肯　　定

肯定，是指以自己亲自理解之识，决定自己的所破，不再进行考究之法。肯定与明确同义。其事相是，如瓶、柱、色、识、物、有。以天为例，以自己亲自理解之识，直接否定天空的所破（正当的理智）——阻碍（直接否定天空是有阻碍的——没有阻碍），而加以认识；以瓶为例，以自己亲自理解之识，无需直接否定任何所破，瓶为所境（自己认识的对象）而加以肯定、理解。故瓶是肯定，而非否定，因为以自己亲自理解之识，无需直接进行决断或分解，而只是自己肯定地掌握。虽然肯定与物质意义不同，但既是肯定，也应是物质；既是常，所破也应成立。既是常，肯定不应是自主的（不应是造作的），以自己亲自理解之识，消除矛盾的所破（矛盾的所在），仅以肯定的形式，没有自主出现的常。物质包括肯定与否定，如有、物质、瓶和柱为肯定；无常、声无常、非瓶反不是肯定，因为是否定。

第二节 否　定

否定，是指以自己亲自理解之识，直接决定自己的所破，而进行探知。否定、遮遣、反体、破除同义。其事相是，如非瓶反、瓶之义共相、天空、有。第一，以自己亲自理解之识，将非瓶反作为自己的所破——在意识中直接决定非瓶，而应认识非瓶反；第二，在意识中出现非瓶反，以亲自理解它的识，直接决定其所破瓶与自相立，出现非瓶反，应知为其义共相；第三，以自己亲自理解之识，将天空自己的所破——无遮无拦在自己意识中直接决定，而认识天空；第四，以自己亲自理解之识，将物质自己的所破——性相在自己意识中直接决定，而应认识之。心识虽然决定瓶自己的所破——非瓶，但只是间接决定，非直接决定而识，故瓶不能破（不能否认）。破指的是，例如，亲自理解瓶无常的心识，直接决定自己的所破——瓶常，根据常与常之反确定(无常）现象出现，应持瓶无常。亲自了知所破之识，应理解为如理了知之识。例如，“了知无常的识”，应理解为如理了知之识，而不是指未了无常之义，仅凭名字，就认为是无常的想法。其心中不现无常的所破反确定（否定其一，确定其二)，一旦认为无常，就不现所破反确定，而在境

（认识境）中只现肯定，肯定其无常，现为自主（自主肯定无常）。此识并不仅仅掌握无常而了解，因未现无常情状，未生其状故。但是，未了之识不应是无状之识，虽然未现其境之情状，但出现掌握其境如实的总貌。出现总貌相同的情状生故，那么，肯定与否定二者并非以各自亲证的思想角度去分别安立的任何一种识而允许。

第三节　非　遮

非遮（简言之，就是否定），是指以自己亲自了知之识，直接决定自己所破而予以了解；以自己亲自了知之识决断自己所破后，了解他法非遮和任何肯定。其事相是，如非瓶反、肥胖天授白天不食、非瓶反瓶、瓶无常、有人之无我（人无我）。其一，以自己亲自了知之识，直接决断自己所破——非瓶，应直接了解非瓶反——自己，谓之破。以自己亲自了知之识，直接决断非瓶反——自己所破——非瓶后，仅从决断所破中，直接了解其他非瓶反，是因为了知故，非瓶反便是非遮。肥胖天授（释迦牟尼从弟名）白天不食为有法，是非遮，即以自己亲自了知之识，决断自己所破后，可了解他法非遮与任何肯定。以自己亲自了知之识，直接否定自己所破——白天进食，在否定不久之后，了解他法——夜晚进食。肯定夜晚进食故，就了解夜晚进食。"肥胖"一词，侧面指出夜晚进食，以亲自了知之识也可推知夜晚进食。非瓶反瓶，是指以自己亲自了知之识，将自己所破——非瓶在心中直接否定后，了解非瓶反瓶。了解非瓶反瓶的同时，安立直接了解瓶。所以，此心应认识非遮和肯定。这样应知无常、非无常反（还是无常）和非遮。人的无我，虽是无遮，但有人的无我，应是非遮，因为以自己亲自了知之识，把自己所破——人的我和无人的无我被否定后，可知人的无我有故。这样，可引申非瓶反等肯定万物，所谓"瓶之反体"、"柱之反体"，是说以自己亲自了知之识，否定自己所破后了解非遮的破，非瓶反之瓶，常空瓶（常久而空之瓶），非小瓶（大瓶），非破瓶（不是破旧瓶），净瓶之地，成为瓶之破因物等，以自己亲自了知之识而予以肯定或非遮，是直接了解的非遮；所知、有、存在等也是以自己亲自了知之识而加以了解的破。之所以安立瓶之反体、有、所知等的常为无遮的原因是，既是所知并非一定是常，但一般将所知视为常，因为所知应该出现在心目中，而真实不能出现。这不是自相而有（自性不立）的仅仅假有，如理了解这样的所知，以自解之识，直接否定本质自相而有（否定自性而成），应知假有是所知。如不这样，等于未理解永恒的所知全貌。瓶之义共相、瓶之反体、与瓶一致等，也以自己亲自了知之识，应知直接否定这些自相而有。这些是破，安立仅仅决断这些所破自相有的，决断非法后，立即肯定或了解其他法——所知等，故名非遮。既是非遮，那么就以自己亲自了知之识不了（不谙）无遮是不可能的，例如，净瓶之地虽是非遮，但以自己亲自了知之识，直接了悟净瓶之地后，无瓶也就间接了解。无瓶也即无遮，此心了达与否，关系此心是否了知。

若区分非遮时说“自己”，叙述直接否定自己所破，他法（其他事物）为非遮。无论任何肯定，都有直接认识、间接认识、直接和间接的认识、有机会认识。第一可立，因为有人的无我故，有人的无我为有法。言“你”，叙述直接否定你的所破，而他法为非遮，直接认识任何肯定。言“有人的无我”，直接否定人之我，凡直接认识有人的无我，便是有人的无我为非遮。第二可立，就是指“肥胖天授白天不食”，是有法。言“你”，就是叙述直接否定你的所破，而他法为非遮，间接认识任何肯定。“肥胖”一词确立吃饭（饭量惊人），而且吃饭时间昼夜不分。“白天不食”，言下所指的人白天吃饭被否定后，实际上指晚上吃饭。第三可立，肥胖天授白天不食，不见得身体消瘦，此为有法。言“你”，在否定自己所破后，他法为非遮，直接和间接认识任何肯定。“肥胖天授白天不食，不见得身体消瘦，”就是直接否定了肥胖天授白天进食，而间接肯定了晚上也进食，直接认识身体未消瘦，此二者为非遮。第四可立，“应为刹帝利族（古印度种姓名），但认为既可刹帝利族，也可婆罗门族（古印度种姓名），不能确定时，欲指出刹帝利，说不是婆罗门。”是指直接否定婆罗门，当机确认刹帝利，应是随意指出四显示中的任何一种否定词，确立非遮的否定词。以能诠声能否了知，应理解为能否表义，所以直接表述也即直接了知，间接表述亦即间接了知。此四种区别，只是对自己的实名赋以否定词的非遮而已。既是非遮，自己的实名并非有否定词，也就是说，像有（客观现实）与瓶之反体实名没有否定词。说“自己”，虽然否定自己的所破后而不安立，但以自己亲自了知之识，否定自己的所破后，他法为非遮，安立任何肯定。但既是物之非遮，自己的实名肯定有否定词。例如，无量光、无常、声无常、非瓶反瓶、无垢金、净瓶之所。无、不、非、净等否定词只是存在实名的万物为非遮，实名中无否定词的如色、声、识、物等不是遮，因为是肯定故。

第四节　无　　遮

何谓无遮？以自己亲自了知之识，直接否定自己的所破而予以认识者；以自己亲自了知之识，否定自己的所破后，他法为非遮，不立任何肯定，叫做无遮。无遮与无遮遣余同义。其事相是，例如，人之无我、非有人之我、法性、天空、否定瓶中无瓶、无兔角、声无常、非人之无我反之无我、声常空等。

总之，无论是否有所破，但在所破被否定之时安立的万法是无遮，如实名有否定词的人之无我，或者实名无否定词的天空。不管怎样，以自己亲自了知之识，了解否定所破之分，除此之外的否定和非遮二者，怎么也不直接了解。

无遮分为，自己的所破可能是所知的，自己的所破不可能是所知的。前者的事相是，如无瓶、无声、无心，这些是无遮。无瓶的所破是瓶，无声的所破是声，无心的所破是心。这些可能是所知。后者的事相是，如没有兔角，人之无我。这二者是无遮，兔角与人之无我，不可能是所知。无兔角，但有兔角无；人之无我，但有人之无我。如有，肯定人之我不立，譬如，有人之我，也应有独立的实有，那么瓶可以没有腹、底、口独立形成（实际上不可能）。瓶之所以不立，是因为瓶无我或我不立（瓶不具备存在的条件）。同样，应认识虚空无任何阻碍之分。如不依自己的部分，即东西等，而独立存在的话，虚空应立我（可有形体）。但虚空并非如此，因为它我不立（没有实体）。瓶有否定与肯定，瓶反之瓶为否定，瓶为肯定，物质的瓶也是肯定。非瓶反之瓶，虽是瓶，抑或物质，但非瓶反是常，因为这是指非瓶反之分。这样，若是瓶之反体，肯定是瓶，但瓶之反体为常，是指瓶之自反体在心中刚出现，故以心识假名而立罢了。

第五节　破　　除

破除与否定同义，故除了否定之外，破除无需赘述。但从各个反体方面而言，以自己亲自了知之识，直接否定自己的所破而予以了解，这便是破除。其事相是，如瓶无常、人之无我、所知、常等否定。具体分为：无遮的破除和非遮的破除。以自己亲自了知破除之识，不立非遮和任何肯定，叫做无遮的破除。无遮与破除同义。其事相是，如瓶无非瓶，黄牛无非黄牛，此为有法。言“无遮的所破”有其原因，即遣除不同应遣，也是无遮。万法没有无遮的破除区别。以自己亲自了知破除之识，不立任何非遮和肯定，叫做非遮的破除。破除分为：境自相的破除（境之自相）和心识之破除（思维中所现境相）。既是自相，又是破除的因分，叫做境自相的破除。譬如，既是自相，又是破除，故名境自相的破除，与物质的否定同义。其事相是，如瓶无常、非瓶反之瓶、常物空的（常与物二者皆空的）瓶、未损之瓶和不小的瓶。既是非遮之破除，又是分别心假立的同分，叫做心识之破除。心识之破除、分别心之现境、声义之破除、义共相同义。譬如，在分别心中出现瓶的姿态，为非瓶反而现，叫做瓶识之破除。瓶无我故，只以分别心假名而立与以分别心假名而立有区别。例如，天空与瓶之反体，不是思想能左右的，本质不会变异，故名以分别心假立而已。虽不受意志左右，但本质在境（存在于境），所以又非主观臆造。义共相非由意志支配，没有自性，只因有分别心。而有自性，故是跟随分别心之法，应知只以分别心假名而立。简言之，所谓心之破除，是指此心破除自己的现境（客观现实）的分别心，以此分别心否定或制止，叫做心之破除。如是物质，是境自相之破除，是心之实境与念境；如是物质，是无遮的破除，是分别心之力境（心所涉及的境）；如是物质，是心之破除，是分别心之现境，但非念境。

那么，破除包括：境自相的破除、心识的破除、无遮的破除。前二者为非遮，第三者为无遮。所谓境自相的破除，是指或自相而有，或需要否定。所谓心识的破除，是指非瓶反之瓶与常空之瓶，以及分别心出现非瓶反。所谓无遮的破除，是指没有既瓶非瓶，无论有否，既是这又不是这的东西是没有的，应知彼与彼无遮的破除。那么，物之无我，是心识之破除，肯定二者无遮的破除。若是物质，肯定有其境自相的破除。无论是瓶识之破除，还是瓶之无遮的破除，肯定不是瓶之破除。那么，心为有法，它的破除和它的境自相的破除同义。说因为它是物质，可以接受。在分辨时，应知彼心之破除与彼心境自相之破除同义。心之破除需要声义（名言共相与实境共相），彼心之破除可立非识反之识。有人说，若是彼法无遮的破除，肯定是彼法之破除。那么，黄牛并无非黄牛为有法，就是黄牛之破除。因是黄牛无遮的破除故，若无，是有法。迦玛拉希拉的《大因明论》说："黄牛中无黄牛，那是无遮，破除就是分明，仅此而已。"根本不能苟同，若是黄牛的破除（排除其他因素），就应为黄牛，就需要黄牛与否定二者的同分。此外，常中无非常，是为有法，是无遮的破除。因是常无遮的破除，是为有法，不是无遮的破除，不是彼无遮的破除是不可能的，因为彼无遮的破除与无遮的破除同义。在安立彼无遮的破除时，应安立非无遮反的彼无遮。非常反的彼常，是常的破除。同样，非所知反的彼所知，是所知的破除，适于一切可能的常。无论是三个破除的哪一个，必是破除，但既是破除，不一定三个都是破除，例如常、有、所知，三者都不能等同。

第十章 一与异

第一节 一

何谓一？不是众多之法，叫做一。其事相是，如有法、声、声无常、声之有法（声为造作）。所谓“不是众多”，如物质出现在心识中，只有一个（一个整体），而没有第二个。兔角虽然在心识中现为一个，但现而无，故不是一，因为一必须是真实的。

一分为：一个自反（与各自异体相反的事物）、一个性质、一个类型、一个物质。

不是自反众多之法，叫做一个自反。所谓自反，有与无常虽是等遍，但心中有法（心中所想）与无常分（无常之相）不同出现，按照凸现无常反分之境，除有法之境外，另有其他意义，无常为不是有法之自反。有法是有法的自反，无常也是无常的自反，而非有法的自反。所知与自反不是各别之法，叫做所知与自反一致。所知与自反一致的事相，除所知外无其他可立；瓶与自反一致的事相，除瓶外无其他可立。

性质非众多之法，叫做一个性质。一个本质、性质相同、自性一致同义。其事相是，如物质与有法，有与所知。有与性质非众多之法，叫做有与性质同。常的事相，瓶与瓶无常本质一样，瓶无常是瓶的性质，能在正常思维中出现。瓶与瓶之无我是一个性质，瓶之无我是瓶的性质，可在正常思维中出现。瓶与瓶之无我是常，但性质各异，因为瓶之无我是瓶之性质，不合道理。

非各别之法（不是单独有别的法），叫做类同。具体分为：质类同和反体类同。不一样的有为法（不一样的物质），出自同分的同类近取（其来源是同一个物质基因），叫做质类同。质类同、质相似、质相同为同一个意思。其事相是，如从近取因——一粒青稞中长出的大小粮食。质类同，是指同类质不以各别质而定，也不以是否出自近取因的同类质而分。其具体分为：色、识、不相应行。近取因——一粒青稞长出的大小粮食，是其一；从本因——心中产生的主意和五遍行（受、想、思、触、作意），是其二；从相同近取因产生的声有法和声无常，是其三。彼二法反（除去以上二法），同类出现的正思所生之法，叫做反体类同（同类中的反体一致者）。它分为：有为法的反体类同、无为法的反体类同。有为法的反体类同也有自己的色、识、不相应行。例如，东面的房子与西面的房子，这是其一；

男的眼识与女的眼识，这是其二；白马与红马，这是其三。无为法的反体类同，如瓶之无我，柱之无我。反体类同又分为：肯定的反体类同和否定的反体类同。肯定的反体类同，无论何人，对名字是否熟悉，但一经用心考虑，就会自然产生如此这般的思想，这个过程就叫做肯定的反体类同。其本身又分为：色、识、不相应行。如铃声与笛声是其一；认识青色眼识与认识鲜花眼识是其二；瓶无常与柱无常是其三。否定的反体类同，同类所破被否定的无遮，叫做否定的反体类同。其事相是，如瓶常空与柱常空，瓶之无我与柱之无我。瓶常空和柱常空是否定同类所破常之无遮，瓶之无我与柱之无我是否定同类所破的物体本身之无遮。瓶之无我与瓶常空虽是无遮，但非反体类同，因为二者所破非同，不会产生二者相同的正确想法，所以二者不是否定的反体类同。瓶之有法和柱之有法是反体类同，二者在正常思维中同等出现；瓶有法与柱有法不是反体类同（不一样的形体，但都是物质），因鼓腹物（瓶的形状）为造作，顶梁物为造作，二者在正常思维中同等出现。

质不是各别之法，叫做质类同。其事相是，如有法与无常，瓶与瓶之成住损灭（形成与消亡）。有法与无常呈现质类同的情况，因为有法之物中产生无常，无常之物中产生有法。同样，瓶质中有瓶之成住损灭，瓶之成住损灭中有瓶。

第二节　异

各别之法（不一样的法），叫做异。其事相是，如常与物、有法与无常。所谓异，就是在思想中显为异样而有之法。具体分为：自反异（自反之各别者）、性异（性质不一）、类异、质异。第一，自反异，就是自反异样。其事相是，如色与识、有与所知。物质与自反各别之法，叫做物与自反异。第二，性异，就是性质各异。其事相是，如甘蔗味与色、常与物、四大（地、水、风、火）。性异、本异、自性异同义。常与性异之法，就叫常与性异。其事相是，如有法。第三，类异，就是类型各异。类异、各类法、不同类法、不相同类法、不相应类法同义。具体分为：肯定的类异、否定的类异。色与心是其一，物之无我和无为法之天空为其二。另外，物与无常，所知与有，瓶之无我与瓶常空，土与水，金与铁，马与黄牛，鱼与水獭等都是反体不同类法。第四，质异，就是质的不同。有为法的本质不一、质不一同义。如，柱与瓶、色与识等性质不一的一切物质。是异，必是自反异；是一，必是自反一；是异，必是性质不一样。所知与有虽然不一，但性质一样，因为性质不一，必是类同。如，金瓶与铜瓶虽然性质不同，但一个类型。性质不同，质类相同。从一粒青稞生出不同青稞粒，二者虽然有异，但为一个质类。相同质类，并非本质。如，从一粒青稞生出大小青稞，二者虽然一个质类，但非本质，因二者性质各异故。相同本质无相同质，但相同质有相同本质。

如瓶与质相同，那么并非瓶与成住同质（并非与坏灭同一质），因为今天的瓶，是瓶与质相同，但非瓶与成住同质，后者有立。它与瓶同时生、灭、住。瓶早成（早已形成），今天之瓶今天成。成住同质，是指同时成，同时住。若是成住同质，即生、灭、住同时，又质一样。例如，瓶与瓶之有法既是成住同质，也是同时生、灭、住及同一个质。若成住相同，不一定是成住同质，瓶内集中的土、水、火、风是同一成住，但非成住同质，因为不是同质。

若是成住同质，成住并非是不可分之同质。成住不可分同质，是指成、灭、住同时。部分现前识也应现部分，例如，瓶与瓶形、瓶色，在瓶现前识中现其形状与颜色，在瓶形、瓶色现前识——正确眼识中也现瓶。所以，瓶与瓶之形状及颜色是成住不可分同质。

另外，若是瓶之别体，那么物与质肯定相同，因为形成于物质。

第三节　认识反体

一般来说，反体与否定同义。例如，瓶之肯定，指以自己亲自了解之识，直接决定所破，无需认识而以自己所执加以肯定，故称为肯定。瓶无常的否定，指以自己亲自了解之识，直接否定瓶常，故称为否定。这样的否定，以自己亲自了解之识，从否定所破的反确定出发，故称为反体。反体，指从直接否定所破的反确定而认识之法。其事相是，例如，瓶无常、所知、有、瓶之反体、物与一、物反（物变）、物质不实。瓶无常是有法，是反体，以心识决定瓶无常的反确定而加以认识。所知有常与物质，但所知为有法。常不是现量的直接研究（不是以正思所直接确定的），只是出现在心识中的反体（一念之间的否定），故为否定与反体。有也与所知同样，以分别心否定所破自相有之反确定而认识，瓶之反体为有法，因为反体，以分别心否定瓶异（否定瓶与异）之反确定而认识；物质与一为有法，因为反体，否定物异（物与异）之反确定而认识；非物反（物）为有法，因为反体，否定非物之反确定而认识；物质无我为有法，因为反体，否定物有我之反确定而认识。

反体包括非遮和无遮。非遮，如瓶无常，瓶第一刹那不住第二刹那，瓶第二刹那不住第二刹那，不住第二刹那就是无常。

瓶无常，不是指否定瓶之上的常，是指否定常之基础——瓶第一刹那等不住自己第二刹那，所以瓶无常也不是常。有人认为非瓶反是瓶，但不敢苟同，因为是常，若把它作为否定非瓶分，便成为无遮，但从否定非瓶基础上而立非瓶反分。实际意义上的瓶应视为非瓶反分，这从出现于心识的角度而立，就是常或共相。这样有与常，不是指否定自相有分，而是指否定自相有基之物与常，物之无我，不是指仅仅否定我分，而是指有分。这些是无遮。

人无我（人无自性），是指否定人我之分，是无遮，以自己亲自了知之识否定自己所破后余法无遮，因为是任何不立的否定。

譬如，法与有异反（仍为有）之法，叫做彼法反体。物与有异反之法，叫做物之反体。若是物之反体，必是物之自反体，但就物之反体而言，分为物之自反体、物之境反体、物之因反体。物之自反体、物之反体、与物一致同义。物之反体为有法，其非物之反体，因为与物有别。若是物之反体，应与物一致。那么，物之反体不仅不是物之反体，而且不是物质，因为是常故。物，是指物之反体分出现于心识，以分别心假立而已。彼法之境反体与彼法之性相一样，可以能事（运动），是物之境反体。物之境反体也与非彼彼（否定之否定）自反体一样。非彼法反因（彼法之因），是彼法之因反体（万物形状之因素）。彼法之因反体可立（决定）彼法之一切事相，故色是物之因反体。但是，彼法因反体，不一定是彼法事相。例如，有声，虽是有之因反体，但非有之事相。前者立，因其为有之分支；后者立，其以真实决定有，而无不以真实决定的人。若因立，其必无许多反体。若是名相，必有其境反体，若是可能的所知（可能成为认识之对象——物），必有其因反体。

第十一章　对境与有境

第一节　对　　境

何谓对境？是指以量（从新认识客观事物之心）加以了解者。对境、所量、所诠、有、所知同义。以心观察，为心之对境（世间万象）。以瓶分别心观察（用瓶之心识加以观察），为瓶分别心之对境（瓶成为心识研究的对象）。其瓶之事相分为：现境（用肉眼观察到的客观事物）、耽著境、感受境、照了境、实境、所缘境。心中现而认识，是心之现境。彼与彼心之所取境同义。执境（认识）现而发觉，是执境现境（所执之现境）。彼与彼执境之所取境同义。识瓶分别心中出现非瓶反（瓶），是瓶之义共相。瓶之义共相，虽然不是分别心的所量（正确思量），但是从对境开始发现。由心发现，是指出现于心。虽然，瓶直接出现于分别心，但只以兴趣加以发现，而非由现加以发现（兴趣第一）。同样，在所有分别心之现境中，需赋予自己感受之对境义共相，所以分别心的现境与感受境互相矛盾，但无分别心的现境与感受境同义。例如，根现识自己明显而立瓶（自己完全正确地认识瓶），如理（符合道理）所立之境也是瓶，所以瓶也如根现识的对境与感受的对境。那么，若是物质，必是现境，即各立（各自所执的）的现量境（明显的客体）。若是常，不一定是现境，除义共相外，一切常不是现境。对于白螺现为黄螺的根识之现境，立为（定为）黄螺现（错认为黄螺，实则无）；对于认为兔有角的现境，立为兔角之义共相。这样，在错误根识和寻思颠倒中也有现境（在错觉中也有客体）。

以实境分别心耽著发现（认识符合客观实际），叫做耽著境。它与有同义。以分别心耽著发现，叫做分别心耽著境。分别心耽著境与分别心感受境同义。对分别心采取怎样的感受境，耽著固执，感受境又是耽著境，所以耽著无分别心（相信无错的心识），就没有固执，没有耽著境。像执常为分别心（认为物质永恒不变的心），认为兔有角的分别心，没有无实境的耽著境，没有声常、兔有角的耽著境。那么，所有心识之耽著境，不一定必是耽著境。

以正确之识所立（所确立）之法，是感受境，与所知同义。以分别心所立之法，是分别心感受境，与分别心耽著境同义。声常，是声常执（认为声常久）的感受境与耽著境；兔有角，是执兔有角的感受境与耽著境，但非感受境，因为不存在。

正确识的主要对境，是照了境（了解的主要对象），与有同义。知声无常的主要比量对境（正确之识所了知的客体），是照了境，与所行处、所量同义。分为直接所量和间接所量。声无常为直接所量，声常空为间接所量。若是颠倒识，肯定无其照了境；若是颠倒识，肯定无其主要所知；若是颠倒识，肯定无其所量。所谓照了境，应理解为心识之主要对境，故不是指现境和所缘境，而是指其心之所量。若心之照了境，未必是心之感受境；声常空，是知声无常比量的照了境，不是感受境故。前者立，是因其间接所量；后者立，非因其认识境。认识声无常，知其不会常在。

直接现于正常思维并加以发现，叫做实境。实境与所知同义。直接现于知声无常之比量（正思）并加以发现，叫做知声无常的比量之实境。其事相是，声无常与彼义共相。声无常的义共相，虽是知声无常的比量之实境，但不是直接所量，因为非其所知。声常空虽是知声无常的比量之所量，但非实境与直接所量，因为是间接所量。

以量（思想）消除增益（虚无）之根（因），叫做所缘境。所缘境与所知同义。以分别心消除增益之根，叫做分别心之所缘境。以知瓶无常的比量消除增益之根，叫做知瓶无常的比量之所缘境。分别心的所缘境与感受境同义。分别心所缘瓶而知瓶，故瓶是其所缘境与感受境。知瓶无常的比量之所缘境与感受境不一样，瓶是其所缘境，瓶无常是其感受境。比量所缘瓶，知瓶之无常。知瓶无常的心与执常的心，是所缘一个所缘，感受直接相违之心。有人言，瓶为有法，从瓶之分别心而加以认识，凡是识瓶之心，说是为了认识，那是不对的。以耽著识瓶心而加以认识故，不能苟同。又言，瓶之义共相为有法，是以耽著识瓶心而加以认识。凡耽著识瓶心，不一定是予以认识。不能苟同，因以识瓶心而现的认识故。又言，兔角为有法，是照了境。言是兔角分别心的照了境不立（不成立）。兔角为有法，是感受境，因为是兔角分别心的感受境，故可立。不能苟同，因为非感受境。因为非境，没有之故。

第二节 有　　境

深入自境（与己相应的事物）者，叫做有境。例如，认识声无常之心。识、色的有境、不相应行的有境同义。若是识，必是有境。例如，知白色的根现识，如同认识自境——白色之法与耳识深入自境——声之法一样，一切正确根相识深入各自之法。由于暂时的惑乱因所致之根识，白螺显为黄螺的根识也深入自境白螺显白之法，一切幻觉的现量相同。瓶分别心是深入自境瓶之法，声无常分别心是深入自境声无常之法，一切实际分别心相似。如同兔角分别心是深入自境兔角与兔角义共相之法，一切邪说分别心一样。对此有人言，兔角为有法，是照了境。说因为兔角分别心之照了境不对，那么声常为有法，是感受境，言因为执常分别心的感受境，故而承认。不能苟同，因为不存在，若是感受境，必定存在。

色的有境包括：有色根与能诠声。有色根可立，如眼根与身根之间；能诠声可立，如经与论，以及言“声无常”。经与论为有境，因为深入自境各自所诠之法，言“声无常”为有法，是有境，是深入自境声无常之法，一切能诠声遮遣趋入自境。兔角为有法，是照了境，但非“兔角”之言的照了境。

不相应行的有境可立，如人，是有为法，是深入自境之法，无论是人或物，都是本心之照了境，是其对境。不管人懂与否，是指其本心懂与否，所以一切心境是人之境。有人言，其心之所察，肯定是心之所察，声常为有法，是心之所察。声常为心之所察，若无，其为有法。声常执出现于心，若无，其为有法。声常执是心的感受之境，若言是根本，声常是有法，非心之所察，因为非境，亦即不存在。有人言，是境，就是对境与有境中的对境，量为有法，是对境与有境中的对境，因为是对境，容易确立，认为是根本，量为有法，不是对境与有境中的对境，因为是有境，可知之故。

第三节　明　　暗

以现量直接了知的，叫做明。它与物质同义，因为以现量直接了知的应该是物质，而一切常不能以现量直接了知故。凡是物质的，就真实存在；凡是常，就不能真实存在。明包括色、识、不相应行。

以比量直接了知的，叫做暗。它与所知同义。譬如，色、空、人。如果存在，必为暗；如果存在，必有了知自己的比量。所以，表里并不矛盾，因为物质包括明暗两个属性。常只是暗，因为肯定没有直接了知自己的明。但这并不一定，例如，了知声常空的明有故，以了知声无常的现量，直接了知声无常，声无常就会迎刃而解。暗包括：事势比量入境、信许比量入境、极成比量入境。事势比量入境，指声无常，瓶无自性。信许比量入境，指只靠自信教条而加以认知。极成比量入境，指可以言喻的。如将明暗作一比较，人能明显了知之法，对于人来说是明，人不能明显了知之法，对于人来说是暗。又如，天授能明显了知之法，对于天授来说是明。其事相如天授之心识、手、起居工具。天授未明显了知之法，对于天授来说是暗。譬如，距离天授几千年的事物，即使与他同时存在，但由于中间相隔数洲，他难以知道，尽管其人其物在他眼前。对于一个人而言，明暗是矛盾的，但总的来说又不矛盾，因为物质具有明暗两重性。在表面中，有些肯定是明，但在任何时候和任何状态下不一定是明；既然何时何地都是明，那么永远都应该是明，对于人来说也是如此。没有这样的道理，例如，几只古代时候的瓶，对于当时的有些人来说是明，但对于今天的人来说是暗；现在的有些物品，对于今人来说是明，但对于古人来说是暗。东方的有些物品，对于当地的人来说是明，但对于西方的人来说是暗。这样，所有的人从来没有明。所以，有的物质是明显的，有的物质是暗淡的。常是一切形态的暗，因为肯定没有明显之法，也肯定没有以现量直接了知之法，所以肯定没有直接了知之明。应成派认为，根的对象是色、声、气、味、触是显，除此而外的法要靠表象加以了知，叫做暗。把显与明理解为一个意思。这种观点的明暗是相违的。